mixi / Podcasting / CGM / Blog / SNS /

デジタル時代の

YouTube /RSS / UGC /Web2.0 / GPS/DS /

人間行動

facebook / Social Network / WOM / Viral /

Behavior Targeting / iPhone / SEM / PS3 /

Twitter / FeliCa / Google / acTVila / HSDPA

執筆
松野良一
大橋正和
平野晋
高谷邦彦
岸勇希
深澤亨
平山元英
堀眞由美
安野智子
佐藤建
廣田衣里子
渡邊恭子
妹尾克利

中央大学出版部

はじめに
デジタルメディアは，人間行動をどう変えているのか？

インターネット，携帯電話，などの新しいデジタルメディアの登場によって，これまでの人間行動が大きく変化してきている。「マスメディア→オーディエンス」という一方向的固定的関係が崩壊し，主導権は消費者，市民に移ってしまったといっても過言ではない。

地域行政においても，これまで自治体が主導権を握り，「上から下へ」の流れがほぼ固定化してきた。しかし，それがデジタル時代には，市民や NPO の参画，官民協働，市民中心主義へと大きく変化している。

どのメディアに接触するかの選択権は，市民，消費者，ユーザーに完全に移行した。さらに，マスメディアのプロでなくても，一般のアマチュアが撮影した写真や映像を，ネット上にアップしてブロードキャストすることが可能になった。これまで，マスメディアが，公正さをよりどころに独自に判断して，流す内容と流さない内容を判断してきていたが，そうした秩序，自主規制，管理などは，デジタル世界全体の中では崩壊しつつある。さまざまな種類のコンテンツ，玉石混交のコンテンツ，信頼度が異なるコンテンツが，ネット上に氾濫し始めている。まさに，これまでの社会的権威，政治的権威などを崩壊させ，アナーキーな世界を少しずつ拡大させているようにも思えるのだ。

最近では，特に YouTube のインパクトが拡大している。マスコミが取り上げないものが，どんどんアップされブロードキャストされるようになった。2010年に起きた尖閣諸島をめぐる問題では，テレビが取り上げなかった東京・渋谷での反中国デモの様子が YouTube で流された。多くのユーザーが，「マスコミはなぜデモの様子を放送しないのか」と疑問を呈した。放送は，放送法に基づいて行われる。特定の団体が行ったデモは，公正中立，不偏不党の原則からすれば，それだけを取り上げるわけにはいかないのが，マスコミの実情であり良識であるとされてきた。ある意味，マスコミ側の判断によって，放送するか放送しないかが決定されて来ていた。しかし，デジタル時代には，いとも簡単に，一般人が撮影した映像がアップされボーダーレスに公開されてしまうのである。

この尖閣諸島問題については，さらにショッキングな事件が起きた。それは，中国の漁船が日本の巡視船に体当たりする映像が，YouTubeで公開されてしまったのだ。本来は政府が機密扱いとして来た映像である。日中関係の悪化を望まない政府は，公開を避けてきた。しかし，その映像が海上保安庁内部の人間の手によって，YouTubeにアップされ広く世界に流布し，視聴されることになったのである。

2010年に起きたこの事件は，メディア史，ジャーナリズム史に残る大事件といってもいい。マスコミ関係者にとっては，大きな精神的衝撃となった。それまでは，内部告発はマスコミに対してなされるものであったからだ。マスコミはニュースソースを秘匿しながら，調査報道に持ち込めた。そして，どこまで報道するのかを独自に決めることができた。しかし，デジタル時代には，マスコミを介さずに，アマチュアが広く世界に向けてブロードキャストすることができるようになってしまった。

ジャーナリズムには，鉄則がいくつかある。主なものは，公正中立，不偏不党，そして，非当事者主義と権力の監視である。しかし，ネット上には，ジャーナリズム精神に則(のっと)ったコンテンツばかりがアップされているわけではない。特定団体の主義・主張が，多くアップされている。YouTubeにも，アマチュアが制作した映像が溢れかえっている。それらは，ジャーナリズムとは言い難いものもあるし，放送できないものも多数ある。しかし，自己規制と自己管理されたマスコミが制作した映像作品よりも，徹底的に主張にこだわった映像のほうが，時には人々にインパクトを与えることがある。このため，視聴者，ユーザー側には，過激な映像や不確かな情報に惑わされないメディア・リテラシーが強く求められるようになった。

デジタル技術は，大きな恩恵を人類に与えたことは間違いない。しかし，同時に，これまでの社会の枠組みを壊し，アナーキーな状態に移行させようとしていることも事実である。デジタル時代には，どういう人間行動が発生するのか。そして，人間は，逆にデジタル技術を使って，どうやって新しい民主的な社会システムを構築していけばよいのだろうか。さらに，どんな時代にも，不変のものとは何なのだろうか。

デジタル技術と社会に関する論考は，これまでは技術を中心にしたものが多かった。しかし，本書は，デジタル技術を使う人間の行動を中心において分析，検討を加えようと試みたものである。さらに，デジタル技術を使って，どんな表現行為が可能なのか，教育や町づくりにも応用できるかどうかに挑戦した事例も紹介している。

マクルーハン（1964）は，メディアというものは，身体を拡張させるものであると指摘した。テレビもラジオも，車も電車も，それは生物学的身体の限界を脱却し，さらに身体を拡張させるためのメディア（媒介物）であるとした。

こうした歴史的議論を踏まえて，荻上（2009）は，「メディアは人々の欲望を叶えるため，社会に登場し，定着していく。単に『もともとあった欲望』を満たすだめだけではなく，新たな欲望を植え付け，発展させていく。個人の振る舞いを変えると同時に，社会が個人に期待するもの，個人が他者と世界に期待するものも変えていく」という視点を展開している。つまり，「生物学的身体」は劇的には進化しないが，メディアは「社会的身体」のあり方を解体・構築していくのだとしている。

本書は，デジタル時代に，人間が自らの「社会的身体」をどのように変容させていくのかに注目し，さまざまな視点からアプローチを試みた論考をまとめたものである。

構成は，大きく分けると，「メディア環境激変と人間行動」と「メディア表現と人間行動」の2部から成っている。前半は，デジタル化の進展で，これまでのメディア環境がどのように変化し，それに合わせて人間行動がどう変化してきているかに焦点を当てた。後半は，新しく登場したデジタル技術を使って，これまでにない表現を試みたケースを報告する。デジタル技術に振り回されるのではなく，逆に，デジタル技術を人間が使って，教育や能力開発に応用したり，地域活性化に役立てようという新しい取り組みについて紹介している。

＊　　＊　　＊

本書の基礎となった研究プロジェクトは，2007－2008年度中央大学共同研究費の助成を受けた。本書は，研究代表者および研究分担者に加え，研究テーマに関係する専門家，研究者にも投稿していただき，プロジェクト全体の研究成果としてまとめたものである。

松野良一

参考文献

荻上チキ『社会的な身体～振る舞い・運動・お笑い・ゲーム』講談社，2009年。
マクルーハン，M.著，栗原裕・河本仲聖訳『メディア論―人間拡張の諸相』みすず書房，1987年。

目　次

第Ⅱ部　メディア表現と人間行動

第 I 部

メディア環境激変と人間行動

第1章

デジタル時代の広告と消費者行動

岸　勇希

本章は，前半と後半の二つのブロックから構成されている。前半は，2007年時点におけるメディア環境と広告との関係について雑誌『中央評論』第260号（中央大学出版部，2007年）に寄稿したものである。その後，デジタル技術の進展の中で，USTREAM，ツイッター，facebookなどの新しい媒体が次々と登場し，これを執筆した時点とはメディア環境もまた，大きく変容してきた。このため，後半部分では，インタビューを受ける形で2010年時点のメディア環境と広告の関係についてまとめた。前半と後半を通して読んでいただくと，2007年から2010年にかけて，私たちを取り巻くメディア環境，広告，そして消費者行動がどのように変容してきたのか，そして，変わらないものは何かを理解することができると思う。

「必ず見るテレビ番組がある人は挙手を」―筆者が大学や広告専門学校などで講演をする際，必ずする質問である。正確な調査ではないので感覚的な話ではあるが，大学生の場合おおよそどの大学で質問をしても3割程度，多くても5割を超えたことはない。一方「mixiなど，SNS（Social Network Site）などを利用している人は？」と尋ねると，実に平均で7割以上の学生が手を挙げる。この状況を10年前に誰が予想しただろうか。

筆者は広告代理店に勤務しており，日々広告を通じ，企業（商品）と生活者とのコミュニケーションを企画，設計しているわけだが，ここ数年おそらく前例のないレベルの大きなパラダイムシフトが起こっていることを肌で感じている。では何がどう変化しているのだろうか。本稿では急激に変化を続けているメディア環境にフォーカスしつつ，その変化が私たち生活者にどのような影響，変化をもたらしているのかを，広告の視点からまとめてみた。

1　激変するメディア環境

いきなり「メディア環境の変化」といってもあまりに広義であり，漠然としているので，まずはメディア環境の変化を理解するうえで助けとなる視点について説明したい。一番シンプルな視点としては，ハード（インフラ）とソフト（サービス）という切り口である。例えば，インターネットのブロードバンド化や，携帯電話にワンセグが搭載され，テレビが見られるようになったというのは，ハードの変化，すなわちインフラの変化である。一方 mixi やら YouTube などが人気を博しているというのは，いずれもソフトの話で

図1–1：メディアに関係する用語

あり，インフラの上に花開いたサービスといえる。基本的には技術をベースにインフラが立ち上がり，そのうえにサービスが生まれるというのが普通である。ごくごく当たり前の話ではあるが，次々登場する新しいメディアがいったいどちらを指す言葉なのかをきちんと判断できるだけで，その影響力や可能性について，理解を助けるはずである。

もう少し具体的に話を進めていく。図1-1は著者が最近気になっている用語を独断と偏見で選んだものである。仮にすべての用語を説明できる読者がいれば，感服するほかないのだが，残念ながら業界の人間でも，完全に説明できる人はそう多くはいないと思う。どれもメディアに関係する用語であるが，実はすべて一般の新聞で扱われたことのある言葉である。つまり我々としてはいつクライアントから尋ねられてもおかしくない言葉ともいえるわけだが，正直これだけ次々と新しいインフラやサービスが誕生してくると，それを追いかけるだけでも相当に重労働である。実はここで説明したいことは言葉の説明ではなく，この変化速度についてである。広告サービスだけでも国内で年間数百が誕生しているといわれており，メディア全体ではいったい1年間でどのくらいの新しい技術，サービスが誕生，そして淘汰されているか想像もつかない。図1-1の言葉も，現在著者が注目をしているといっても，もしかすると，本誌が発行される数カ月後には，いくつかの言葉が姿を消し，また新しい言葉が挙がっている可能性も十分ありえるのである。3年前にはほとんど誰も知らなかった　mixiは今や誰もが知っている国民的SNSとなり，また1年前は一部の人だけが盛り上がっていたYouTubeは，動画サイトの代名詞ともいえる存在にまで成長している。一方，昨年話題を集めたポッドキャスティングなどは，定番化したということもあるだろうが，当時ほどの勢い，注目はなくなったように感じる。果たして来年は何が主役になり，何が淘汰されているのだろうか。すさまじいスピードでメディア環境が変化し続けている。

2 | 情報過多

ではこうしたメディア環境の変化はいったい我々生活者に何をもたらしたのだろうか。

どんなに便利で魅力的な技術，サービスが登場し続けても，絶対に変わらないことが一つだけある。それはすべての人が1日24時間という制約を受けて生きているということだ。この当たり前のことが実は非常に重要になってくる。かつてインターネットが普及する前，娯楽メディアといえば圧倒的にテレビであった。誰もがテレビを見て，その話題が自ずと，学校，職場など，人との会話での共通のネタとなっていたわけである。ところが今は，多様化するメディアにより人々の趣味嗜好は細分化した。テレビも見たい，音楽も聴きたい，携帯でメールも打たなくてはならない，mixiに日記も書きたい……。メディアの多様化が，圧倒的な情報過多，選択過多を引き起こしているのである。

図1－2は，総務省が発表している「情報流通センサス調査」からの引用

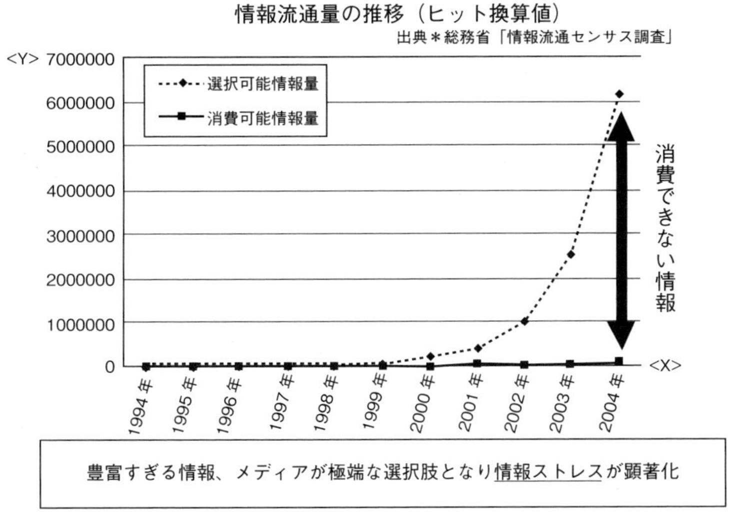

図1-2：世の中の情報流通量

である。世の中の情報流通量を示したグラフで，x 軸が時系列，y 軸が情報量（ビット換算）である。点線は「選択可能情報量」と呼ばれる指標で，大まかな意味でいってしまえば，世の中の総情報量に当たるものである。この10年で世の中の情報量がいかに増加し続けているか一目でわかる。一方実線は，「消費可能情報量」と呼ばれる指標で，1 年間に情報消費者がメディアとして消費可能な情報の総和を示す。砕いていえば人が処理可能な情報量ということである。つまり，世の中に溢れる情報量は増える一方，人が処理できる情報量には当然限界があるわけで，処理できない情報がどんどん増え続けているのである。図 1－2 の点線と実践の差（矢印）というのが，まさに世の中に露出してはいるものの，情報として機能していない，いわゆる情報クラッター（情報のゴミ）というわけである。

このことは広告に携わる人間にはとても大きな問題である。ありとあらゆるメディアに広告が載る今日，ただ露出するだけでは，情報過多の世の中においては，ゴミとして扱われてしまうわけであり，いかに生活者の能動的関与を獲得できる広告を発信していけるのかが極めて重要になってきているのである。

3　変わる生活者の購買行動

こうしたメディア環境の変化は，生活者の購買行動にも影響を与えている。広告業界ではプランニングをする際，「AIDMA（アイドマ）の法則」という米経済学者ローランド・ホールが提唱した，購買行動プロセスの仮説を定石として長く用いてきた。AIDMA とは，Attention（注目）→Interest（興味）→Desire（欲求）→Memory（記憶）→Action（行動／購入）の頭文字を並べたものである。わかりやすく例を挙げると，ある新商品をテレビ CM で広告（Attention）すると，視聴者はその商品について興味を持つようになる（Interest）。結果的にその商品が欲しくなる（Desire）。お店で似た商品の中から欲しい商品を思い出し（Memory），最終的にその商品を購入する（Action）という一連の流れを説明しているわけである。正直 AIDMA の法則がまかり通っていた時代に広告業界にいなかった著者としては，こんな単純にモノが売れるのであれば，どれだけ楽だろうと，ついつい愚痴りたくもなるのだが，実際に現在はこんな単純にモノが売れることはまずない。メディア環境の変化で生活者の購買行動が変化したためである。そして生まれたのが「AISAS（アイサス）の法則」である（図1－3）。

AISASの法則は，AIDMA同様，生活者の購買プロセスの頭文字を並べたものであるが，Attention（注目）→Interest（興味）→Search（検索）→Action（行動／購入）→Share（共有）と，SearchとShareが入ったのが大きな特徴といえる。インターネットの普及により，検索行為が一般化したことを反映しているわけであるが，商材によるものの，価格の高い商材に関してはすでに必ずといっていいほど，検索・比較を行ったうえで，購入していることがわかっており，このことは皆さんの経験からも納得がいくのではないかと思う。

もう一つの特徴はShareである。Shareが生まれた背景は，ブログやSNS

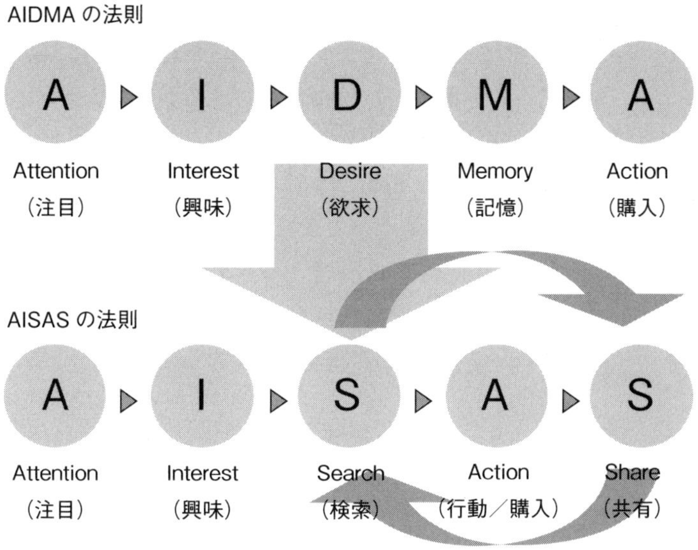

図1-3：変わる消費者行動

などCGM（Consumer Generated Media）と称される，生活者が発信できるメディアの爆発的な普及にある。「買ってみたら，とてもよかった！」，「高機能と聞いて買ったのに，機能が足りない」など，ポジティブ，ネガティブを問わず体験情報がCGMに共有されていくのである。このShare，要はクチコミのことであるが，今までのクチコミと異なる点は蓄積されるという点である。リアルに人と会ったときに話す言葉は録音でもしていない限りその場で消えてなくなってしまう。一方CGM上にShareされたクチコミは，書き込んだ人間が削除しない限り，ネット上に残り蓄積されていくわけである。そしてこのShareされた情報が，再びSearchされるというループを生むのである。最近広告業界ではクチコミが非常に注目されているが，その理由はまさにこのループにある。マス・メディアから発信された情報よりも，同じ生活者が発信した情報，つまりShareされた情報のほうが信憑性があるように感じられるため，時としてマス・メディア以上に強い影響力を持つのである。わかりやすい例でいえば，広告やパンフレットで「この液晶テレビは美しい！」といわれるよりも，「価格コム」のクチコミで「80%の人が美しい」といっていることのほうが，説得力があるということである。

AISASの法則は非常にシンプルでわかりやすいモデルである。ただいうまでもなく，すべての生活者の購買行動を説明できるわけではないし，商材によってはAISASの法則が適応されないものもあるだろう。実際はもっと複雑だったりもする。とはいえSearch，Shareという今日のメディア環境の中で生まれた重要なプロセスを改めて意識する意義は非常に大きい。さらにAISASの法則は，メディアの役割を考えるうえでも非常に有効なモデルである。テレビCMだけでモノが売れにくくなったのは，生活者が役割に応じてメディアを使い分けるようになったからである。

4　変わるメディアの役割

図1－4はインターネット白書2006からの引用で，目的別メディアの重要度比較である。「購入のための情報」でインターネットが圧倒的に高い重要

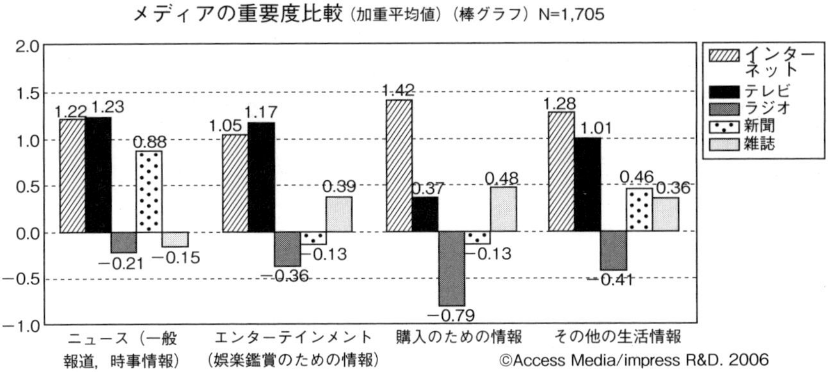

（出典）インターネット白書2006。

図1-4：データから見るメディア環境の変化

度を示しているのがわかる。つまり購入に与える影響では，インターネットがすでにテレビを超えているのである。これは前述の AISAS の Search の話からも理解できる結果といえるだろう。それではテレビはもう必要ないのだろうか。少し考えてみよう。

そもそも人はなぜ Search するのだろうか？　答えは明確で Interest，つまり“気になる”からである。その“気になる”を作っているのは何だろうか？　実はこれが，テレビをはじめとするマス・メディアの最大の価値である。いわゆる話題性創出の価値である。こう言い切ると，「最近ネット発で話題になるドラマなどもあるのでは？」と切り返されることも少なくない。「電車男」などがその例だろう。しかし実は，話題のネットドラマや小説のいずれも，最終的にブレイクするのは，マス・メディアに取り上げられた後のことである。ほかにもテレビで取り扱われた飲食店が翌日から行列になる，というのも同じである。より多くの人に一度に“気になる”を作れる装置はマス・メディアであり，これは今のところネットにはない機能といえるであろう。

このようにメディアごとの役割が異なってきたことを受け，広告自体もクロスメディアという言葉に代表される，テレビやネットなどさまざまなメディアを組み合わせて設計するのが一般的になってきている。最近では飽きた感じもする「続きはWebで」や「○○で検索」というテレビCMがまさにそれで，テレビで認知（気になる）を作り，理解メディアであるWebへ誘導するという狙いを垣間見ることができる。

5 ｜おわりに

冒頭で学生との対話を引用し，テレビの衰えを暗示するような説明をしたが，「1日1回もテレビを見ない日がある人は？」と質問をすると，実はそんな学生はほとんどいなかった。「テレビをつけない日はほぼない」というのが実際のようである。厳密な調査結果ではないと繰り返しつつも，この結果を考えてみると，テレビへの強い執着を持っている人は減っているものの，テレビとの接触はまだまだ多く，話題性創出の価値は保たれているように感じる。

本稿では，可能な限りニュートラルにメディア環境の変化を論じてきたつもりであるが，最近では，「これからはネットの時代でテレビはもう終わり」であるとか，「テレビなんて誰も見なくなる」など，いわばテレビに対するアンチテーゼ的に語られることも多いようである。「ネット vs. テレビ」という対決構造は何となく面白く見えるだろうが，実際には「ネットが重要＝テレビが不要」という論旨はあまりに乱暴であり，結局はテレビもネットも重要で，それぞれ役割に応じてメディアを使い分けるようになったということなのだと思う。

むしろ重要なのは，メディアに対し生活者が持ちえる影響力が増えたということであろう。世界で最も活躍した広告代理店に送られる，Agency of the YEARという賞に昨年は「The Consumer（消費者）」が選ばれた。また米TIME誌が毎年発表しているPerson of the YEAR。これも1927年のリンドバーグに始まり，2001年のルドルフ・ジュリアーニ，ニューヨーク市長など，政治家から実業家，芸術家に至るまで，その年，最も活躍をした人に送られてきた栄誉ある賞だが，昨年はなんと「You.」が選ばれるといった，これまた前代未聞の出来事が起こった。メディアパワーがマスからパーソナルへと大きなパラダイムシフトを起こしていることを象徴した出来事といえるだろう。

今メディア環境は凄まじい勢いで変化し続けている。その中で我々生活者が持つ影響力はとても大きくなっている。と同時に溢れる情報の中で生き続けることへの息苦しさも今後より顕在化してくるように思う。この変化を楽しみつつ，これからも広告に携わっていきたいと思っている。

＊　　＊　　＊

2007年の執筆時から，メディア環境がさらに大きく変化した。このため，2010年10月に岸氏にインタビューを行い，その概要を本章に追加することにした。

（聞き手は監修者・松野良一）

―― 2007年から2010年にかけて，さらにYouTubeは勢いを増し，USTREAMやツイッターなどの新しいメディアが登場してきました。デジタルメディアは溢れるばかりですが，メディア環境全体と消費者の関係は，どう変わっているのでしょうか？

岸　メディア，コンテンツ，デバイスの多様化は進む一方です。加速した「情報過多」は，生活者にとっての「選択肢過剰」を引き起こしています。これに合わせ，生活者のメディア接触もどんどん多様化，また細分化されてきました。コンテンツに合わせてメディアを使い分けることは，もはや当たり前になってきています。ここで重要なことは，人間誰しも１日は24時間しかないということです。この有限な時間をうまく活用して，効率的に必要な情報を得たい。つまり，「必要なときに必要な情報が欲しくて，それ以外はウザイ」という圧倒的な生活者主導の情報選択環境が生まれたわけです。こうした環境下で，これまでのように，ただ知らせることだけを目的にした広告は，なかなか通用しなくなってきました。どうしたら人は動いてくれるのかを中心に考え，コミュニケーションをデザインする時代になったといえます。これまでの広告の定石を見直す必要が出てきたわけです。

―― 広告の定石とは，AISASですか？　これをどう見直す？

岸　「Attention→Interest→Search→Action→Share」はデジタル時代の広告コミュニケーションの定石として広く知られています。そして，AISASの各段階において，最適なメディアを使うプランニングが広く普及しました。しかし実際はそれだけでは人が動かない場合もあることが，徐々にわかってきました。最も大切なのは「Interest」だと，私は考えています。例えば，CMの最後に「○○で検索」とつければ誘導できると思っても，なかなか人はWebまで訪れてくれません。mixiにコミュニティを作れば盛り上がると思ったら，盛り上がらない。YouTubeに動画をアップすればどんどん広がると思ったけど広がらない，そんなことが多々起きました。いずれも人の「もっと知りたい」や「他の人にも伝えたい」と思う気持ちがデザインできていなかったためです。仕組みでは人は動かず，常に人の行動を引き起こす，気持ちがデザインできていることが重要なのです。

―― 気持ちをデザインするうえで，コミュニケーションの環境自体をデザインするという発想について教えてください。

岸　ある人にカレーをふるまって，「おいしい！」と言わせることが課題だったとします。まずは当然の方法として，食材やスパイスなどいわゆる味に凝って最高のカレーを作る努力をしますね。もちろんこの方法は正しい。しかし，実はカレーをおいしいと思わせる方法は，別にも存在します。環境のデザインです。例えばその人が，１年間一度もカレーを食べられないよう邪魔をして，365日後にカレーをご馳走するというのはどうでしょう。きっと普段よりもカレーをおいしく感じるはずです。または，青空の下キャンプで皆で食べるというのもいいかもしれませんね。つまり，環境がコミュニケーションの精度に大きく影響するわけです。

―― 一時期，クロスメディアという言葉が流行りましたね。メディアをクロスさせれば，効果的な感じがしますが？

岸　複数のメディアを使って広告すれば効果が上がると過信することは間違っています。大事なことは，クライアントの課題に合わせて最適なメディアをそのつど選択する，「メディア・ニュートラル」という考え方です。これまでは，影響力の大きなテレビCMを軸に考えることが一般的でした。しかし今は，生活者が能動的に検索するWeb，商品への信頼度と関係する口コミなど，メディアごとに得意とする役割を組み合わせて用いることが多くなりました。つまり，必然的にクロスメディア化していくというのが正しいわけです。さらにソリューションの方法は，メディア以外であってもよいわけで，クライアントの課題解決のためにあらゆる手段をニュートラルに考えることが大切になってきています。

―― 岸さんは，クロスメディアからクロスソースだと主張されてますが。

岸　人の興味を引き出すうえで，複数の情報ソースから情報発信していくことが重要である，というのがクロスソースの考え方です。例えばテレビCMで「おいしいお店」と宣伝するだけでは，正直なかなか信じてもらえません。でも，テレビ番組でも紹介されていた。雑誌にも評判と書いてあった。友達からも口コミで聞いた。そうなると，これはもう自分も行ってみたくなりますよね。複数ソースからの情報が，リアリティと興味を醸成するわけです。クロスソースを実行するためには，報道機関にPRしてもらえるような方法や，口コミを起こすような仕掛けなど，これまでの広告以上のさまざまなコミュニケーションのデザインが必要になるのです。

―― ツイッターというメディアについてはどう思いますか？

岸　ブログ以上に気軽に情報発信できるのは魅力だと思います。また，たとえフォロワーが少なかったとしても，リツイートにより，多くの人へ広がっていく可能性があることも大変面白いと思います。一方，タイムラインがまるで川のように流れていくことで，良くも悪くも，情報が瞬時に，また刹那的に消費されてしまう感じは否めません。情報が絶え間なく流れてくる感じはある種，放送に近いように感じます。それと，個人的には，自分がそのつど感じたことをつぶやきながら，その反応を見て独りブレインストーミングするのは楽しいですし，後から自分の思考の軌跡を見られるので，アイデアや企画を考えている最中には重宝しています。

―― デジタル時代の広告でも，変わらないと思うものはありますか？

岸 人間はアナログだということです。ですから，アナログの心をデジタルツールでパッケージするという感じですね。デジタル技術の発展で，メディアはどんどん変化していきますが，人間の心だけは，変わらないと思います。それを忘れては，いけないと思います。

―― ありがとうございました。

第2章

現実の私・ウェブ上の私

学生たちのコミュニケーション環境

高谷邦彦

1 ツイッターよりミクシィ

大学の教員としてゼミを運営するようになってから，ミクシィ（mixi）で日記を書き続けている。

最初（2006年後半）は「学生もすなるミクシィといふものを，教員もしてみむとてするなり」という程度の軽い気持ちで始めたのだった。何年も前からプライベートなウェブページとブログを複数更新しており，ゲストブックやコメント欄での見知らぬ訪問者たちとの交流だけでも，社交性があまりない私としては十分満足していたので，ミクシィが人気を集めるようになっても特に必要性を感じていなかった。

ところが，自分が大学教員となって，教えている学生たちの多くが（何人かの同僚教員も含めて）ミクシィに参加して盛り上がっていることを知った。そして「インターネット・リテラシー」という授業を担当することになって，日本で利用者の多いミクシィを体験せずにSNSなどのウェブの話をするわけにいかなくなったという事情もある。

そんなわけで遅まきながらミクシィを始めたものの，コミュニティ活動にはあまり興味が沸かないし，書きたいことは別のブログで書いてしまっているし，ミクシィ上であまりやることがない。——2006年当時のミクシィは，現在ほどサービスやコンテンツの種類が多くなかったのだ。

そこで，今までウェブでは書いたことがなかった「日記」というものにチャレンジしてみることにした。大学教員としての日常（授業やゼミ活動，分掌活動など）を中心とした身辺雑記を毎日書き記し始めたのである。ブログのほうでは，ウェブの技術的な話や旅行記など，あくまで匿名の一個人として不特定多数の読者を対象とした文章を書いていたので，ミクシィの日記では私のことを知っている学生たちが読者であることを意識して書くように努めた。教員の日常生活を日記という形で学生たちの目に晒（さら）すことで，講義やゼミという枠の中では伝えきれない何かを伝えられるかもしれない，という淡い期待のようなものもあった。

講義の中で宣伝した甲斐もあって，やがて多くの学生たちが私のマイミクに登録されることとなった。学生たちの書いた日記も積極的に読むように心がけ，少しずつではあるが，学生たちの考えていること（悩みや不満など）も理解できるようになってきた。毎日のように顔を合わせている学生たちに関しても，直接の会話では決して知ることのできない内面を垣間見ることができるようになったという点では，ミクシィに参加した意義があった。

特にゼミ運営という点では，学生同士の人間関係を把握したり，そのときどきの状態（恋愛に悩んでいる，アルバイトで忙しい，体調不良で大学に来られない，など）を知るのに，現在ではミクシィが欠かせないコミュニケーション・ツールとなっている。

2010年の時点で最も注目と人気を集めているソーシャルメディアはツイッター（Twitter）である。だが，私の周りでツイッターを活用している学生は驚くほど少ない。私がフォローしているアカウントも各方面で活躍している大人たちばかりである。学生たちに話を聞いてみても，「ミクシィで満足しているのでツイッターに必要性を感じない」とか，「話題になっているのでアカウントを作ったものの，どう使ってよいのかわからない」などという感想が多く，ミクシィほどの広がりは今のところ見られないようである。ツイッターにはツイッターならではの魅力はあるのだが，後述するようにミクシィの濃密なコミュニケーション・システムに慣れ親しんだ学生たちには，「ゆるいつながり」を特長とするツイッターでは物足りないのだ。

この文章では，大学生の間で今もなお圧倒的に利用者の多いミクシィを中心に，学生たちから直接聞いた話と私自身の体験を踏まえて，若者たちを取り巻くウェブ・コミュニケーション環境について感じたことを書いてみたいと思う。

2　グルーミングとしての日記

ミクシィを始めたばかりの頃，私が学生たちの日記とコメント合戦を見ていて感じた第一印象は，なんだかこれは「公開型交換日記」みたいだな，というものであった。自分のための日々の記録や，不特定多数を対象とした普遍的な文章（私自身はそういう日記を書いているつもりであった）ではなく，特定の友人たちに読まれることを前提とした，楽屋オチ的な文章。当然ながら，ツッコミやすい内容，ウケを狙うための文章，芸能人による人気ブログを真似したような文章，つまり「それを読んだ友人がコメントを書きやすい内容」の文章が多くなる。

例えば，以下のようなやり取りが典型的である。

日記①

疲れが一気にドッと襲ってきました。

体調悪い…

死んでやる…

最近ブルーだ

（コメント１）

そんなぁー死なないでください

（コメント２）

大丈夫すか？

とりあえず，休んでください

（コメント３）

〇〇ちゃん気分↓になってるね。お疲れかぃ？　ゆっくり休んで気分↑になってね

日記②（注：深夜２時過ぎの書き込みである）

朝起きれない

（コメント１）

んな時間まで起きてるからだろ…

（コメント２）

わても起きれない～

久しぶりに12時間寝ちゃった

いずれも，わざわざ書き込む必要が感じられないような内容であり，今なら「ボイス」でつぶやくような内容である（この日記が書かれた2007年にはまだボイス機能もツイッターもなかった）。それに対して何人かのマイミクから同情・共感・励ましといった内容の短いコメントが寄せられている。ミクシィの特徴としてよく挙げられる「儀礼的なコメント」あるいは「義務的なコメント」と呼ばれるものであろう。マイミクとの関係を円満に保つためのリアクションであり，「つながっていること」を確認・証明するためのコミュニケーション行為といえる。

こうした「つながっていることだけを確認する行為」について社会学者の濱野智史は，北田暁大の「繋がりの社会性」（北田，2005）の分析を踏まえて「90年代後半以降に現われた若者のデジタル・コミュニケーションのスタイルは，たとえば１日に何十通と交わされる『毛繕い（グルーミング）的な』ケータイメールのやり取りや，コピペに満ちあふれた２ちゃんねるのコミュニケーションに顕著なように，もはや『交わされるメッセージについて合意ができるかどうか』という＜内容＞の次元ではなく，『コミュニケーション＝繋がりが成立している』という＜事実＞の次元に，主目的が置かれています」と書いている（濱野，2008）。

ここでいう「毛繕い（グルーミング）」というのは，猿のノミ取り行為のように，ノミを取ること自体が目的ではなく相手への信頼や親愛の表現手段としてのコミュニケーション行為のことである。つまりグルーミング的コメン

トの場合は，コメントの内容ではなく，コメントを残したという行為そのものに意味があるのである。「足あと」が残っているだけでもつながりを確認することはできるはずだが，読んだだけでコメントを残さない「読み逃げ」行為を嫌うユーザーがいるために，コメントを残すことがなかば強制化されてしまっている（と多くのユーザーが感じている）。そのため多くのマイミクがいるユーザーの場合は，マイミクたちの日記に目を通して形だけのコメントを残すだけでも大変な時間と労力を要するはずである。それがいわゆる「ミクシィ疲れ」の原因の一端にもなるのであろう。

また最近の傾向として，「鬱日記」と呼ばれる種類の日記を書く学生が増えているという指摘がある。「自分には価値がない」とか「生きていても意味がない」，「もう大学をやめたい」，「仕事をやめたい」など，単なる愚痴のレベルを超えた，かなり深刻な心情を告白した日記であり，私が知っている範囲でも，学生たちの日記にそうした内容の記述が多く見られるのは事実である。

若者研究をしている原田曜平によると「彼らの間では，誰かが鬱日記を書くと，『大丈夫？』，『負けるな～』など，励ましのコメントを書き込むのが，ある種のマナー」（原田，2010）になっているので，実はこうした鬱日記も，全部がそうだとは言い切れないが，マイミクたちにコメントを残してもらうため，つまり他者とのつながりを確認するためのネタの一種といえるのかもしれない。

実際に私が今まで目にした鬱日記の多くは，鬱の原因や理由が明確には書かれていないものばかりであった。例えば，鬱日記とはやや異なるかもしれないが，ある女子学生が「ともだち」という意味深なタイトルを付けた日記の中で，「眠れない」，「みんないつもありがとう」，「みんな大好き」などの思わせぶりな言葉をちりばめながらも，具体的に何が起こったのかを書いていなかったことがあった。すぐにそれを読んだマイミクたちから「どうしたの？」，「大丈夫？」，「私も○○大好き！」というようなコメントが殺到した。私もその日記を読んだときに，何が彼女に起こったのか非常に気になったし，「どうした？」と書き込みたい気持ちを抑えるのに苦労した。普段は明るい学生なのでなおさら気になったのだが，その後の彼女には特に大きな変化は起きていないように見えた（もちろん内面まで知ることはできないのだが……）。

そういう点では鬱日記は，愛情や関心を自分にひきつけるためにリストカットなどの自傷行為をする若者の心理と似ていると考えることもできる。ミクシィという「人目に付く場所」で自分の心の傷を晒すことで，マイミクたちの反応をダイレクトに知ることができるからである。

例に挙げた女子学生の日記も，「意味不明な日記で申し訳ない」という文章で締めくくられていることから，明らかに読者のマイミクたちを意識しながらも，あえて詳細を書かなかったことがわかる。友達であればコメントを残さざるを得ないような日記であり，友情や愛情を確認することを目的として書かれたグルーミング的日記といっていいのかもしれない。

もちろん，鬱日記のすべてを「ネタ」として軽視することはできない。鬱日記を書き続けたあげく引きこもり状態になって大学に来なくなった学生も実際に知っているし，鬱日記が増えている背景には社会のさまざまな問題が影響している点は否定できないだろう。ただ，頻繁に鬱日記を書きながらも，普段会うときにはそんな素振りを微塵も感じさせない，つまり，マイミクでなければ普段は絶対に気にかけないような学生たちが少なからずいることもまた事実なのである。

以上のように，学生たちにとってミクシィ日記というのは，自己表現や日々の生活の記録などといった「日記」というものが従来持っていたはずの目的よりも，友人たちとのつながりを確認するための便利な道具になっているケースが多いことがわかってきた。特に大学生の場合，高校までとは違って友人たちと１日中同じ教室で過ごすわけではないため，希薄になりがちな友人関係をウェブ上のコミュニケーションで補っていると考えることもできるだろう。一見すると無意味な書き込みの応酬であっても，グルーミング的コミュニケーション行動という観点で見てみると，今の時代には欠かすことのできない行為になっているのである。

3｜真夜中は別の顔？

もう一つ，私が強く関心を持っているのは，ミクシィ上でかなりディープな話題をめぐって真剣な議論が交わされているケースが少なくないことである。

切実な恋の悩み，体調のこと，家族のこと，性のこと，自分の過去のことなど，鬱日記とは違ってかなり具体的な内容を赤裸々に告白している日記がある。学生時代にこうしたことで悩むのは別に不思議ではないのだが，それをウェブで公開してしまうことの理由が，古い世代の人間としてはなかなか理解できなかった。

匿名性の高いブログや掲示板などでこうした赤裸々な告白がハンドルネームを使って書かれることは珍しくない。だが，たとえ匿名（ミクシィのID）とはいえ，自分の正体を知っていて，毎日のように顔を合わせる友人たちが読者の大半であることをわかっていながら，なぜここまで正直な心情を告白することができるのか。それがどうしても気になったのだった。

以下に，それほど深刻な話題にはなっていないが，真剣なコメントが付いている例を挙げてみる。

日記③

自分に自信がある人が羨ましいなぁ。

皮肉でいってるわけじゃないよ。

自分に自信があったら，周りの評価なんて気にしないで，自分らしくいけるんじゃないか…って思っただけ。

でも，それって少しでも間違ったら自己中とか空気読めない人とかになっちゃうのかな？

うーん，難しいなぁ。

てか，こんなぐだぐだした内容なら自分の日記帳にでも書けばいいのにね。笑

誰かに見てもらって，あわよくば，何か意見欲しいな～

とか思ってんのかしら？

…だとしたら，自分，はんかくせ～

（注：「はんかくさい〔半可臭い〕」＝「ダメな奴」の北海道弁）

（コメント1）

じゃあ，あわよくば，に乗ってやろう（笑）

私たちの年代で自信は持たなくてもいい。学ぶうえでとても邪魔だから。増長したら元も子もないしね（昔は自分以外はカスだと思ってましたから。ま，すぐに叩き潰されてよかった）。

だから○○さんぐらいでちょうどいいよ。それに反省や後悔は成長するには必要だしね。ただ，後悔のし過ぎで潰れるのはよくないからそこそこに。

とりあえず，こんな感じか。若いうちは悩んでるほうがいいよ。

私みたいにはなるなよ～（笑）。

（コメント2）

自分に自信のある人って，そんなにいないんじゃないかと思う。まぁ仕事に対しては経験とともについていくとは思うけど。私も自分に自信なんてないよ。

みんな最初は，自分に自信なんてないから，頑張るんじゃないかな。最初から自信満々の人がいたらそのほうが問題。未熟な勘違い。

（以下略）

私は日記を書いた学生もコメントを書いた学生もよく知っているわけだが，普段は何も考えずにダラダラしているだけの学生に見えても，意外に真剣でまともな書き込みをしていたり，友人の悩みに対して的確なアドバイスしていたりして，感心させられることも少なくない。

特徴的なのは，こうした本音の日記に対して，茶々を入れたり，からかったりするようなコメントがほとんどないことである。たいていの場合，マイミクたちはかなり真剣に自分自身の体験を交えつつコメントをしている。前述の例のようなくだらない日記に対してはくだらないコメントを書いていた同じ人物が，真剣な日記に対しては（おそらくかなりの時間をかけて）真剣なコメントを書き込んでいたりする。

これもマイミクとの関係を維持するために必要なグルーミングと捉えるこ

とも可能なのだとは思うが，そのやり取りを観察していると，マイミクだからという理由で義務的・強制的にコメントを書き込んでいるというような態度には思えない。まるで教育テレビの討論会のように，互いに真剣な思いをぶつけあっているケースが多いのである。いやむしろ，台本があったり司会者が仕切ったりするテレビ番組よりもずっとリアルなやり取りだといっていい。そこに私は感動のようなものを覚えて，最近の学生たちと，そしてミクシィというメディアを，少し見直したのだった。

もちろん，昔から大学時代には人生の諸問題についてこういう「アツい」議論が交わされたものであり，私自身の学生時代にも，友人の下宿で酒を酌み交わしながら，夜遅くまで語り合うことはよくあった。時代の流れに応じて今ではその議論がオンラインに移行しただけと考えることもできる。むしろウェブによってソーシャル・ネットワークが広くなったり男女差や年齢差を気にしないフラットな議論になったぶんだけ，今の若者のほうが進んでいるともいえるかもしれない。

私がこれに関連してもう一つ気になったのは，彼ら・彼女らが，普段の付き合いとウェブ上の付き合い，言い換えればオンラインとオフラインのコミュニケーションを，どう区別しているのかという点であった。

というのも，多くの学生がミクシィを利用しているにもかかわらず，普段の生活の中でミクシィについて語っている場面を見たことがなかったからである。前日の深夜にアツい議論を交わしていた者同士が翌日のゼミで顔を合わせても，オンラインの議論の続きが行われることはない。日記の中で真剣に性の悩みを書いていた学生がいても，オフラインの世界でそのことを興味本位でからかったりする者もいない。「そういえば昨夜のミクシィに書いてたことなんだけどさ――」というように，ミクシィの書き込みがオフラインの話題に上ることがないのである。まるで意識してミクシィの話題を避けているのではないかと思えるぐらいであった。

いったいこれはどういう感覚なのだろうか？

学生の何人かに話を聞いてみても，本人たちには「避けている」といったような明確な意識や自覚はないようである。当然ながら，ミクシィ・ユーザーたちの間でそうしたルールが明文化されているわけでもない。

私はこの疑問について，自分自身の体験を踏まえて考えてみることにした。

真夜中に書いた情熱的なラブレターは，翌朝になって冷静に読み直すと赤面ものであることは多くの人が体験的に知っているだろう。同様に，酒に酔った勢いで語ってしまったアツく青臭い話を，酔いが覚めた後になって持ち出されるのは気恥ずかしいし嫌なものである。話を聞かされた側でも，たいていの場合「あれは酒の席でのことだから」ということで真に受けなかったり，「なかったこと」として処理しているはずである。

それと似たようなことがミクシィにも当てはまるのではないだろうか。「あれはミクシィでの話だから」ということで，特にそれが真剣な思いで書かれていると感じられる内容の日記であれば，オフラインではあえて知らぬフリをするのが学生たちの間で暗黙のマナーになっているのではないか。もし誰かがそのマナーを破って現実世界でマイミクに嫌な思いや気まずい思いをさせてしまうと，誰もオンラインで真剣な思いを書き込もうとはしなくなって，せっかく快適に利用しているコミュニケーションの場が崩壊してしまう。自分たちにとって必要で便利なコミュニケーション・ツールを失うことを，学生たちはある種のタブーとして恐れているのではないだろうか。

こう考えてみたときに，学生たちがオンラインで赤裸々な書き込みができる理由が理解できるような気がした。ただし，これはあくまでまだ仮説の段階に過ぎないので，今後調査を進めなければならないと思っている。

4 | 本音を語るアバターたち

やり取りされるのはデジタルなデータだけで，相手の名前や年齢・性別もわからなければ，相手の顔すら見えないような状態ではコミュニケーションは成り立たないと考える人がまだいるかもしれない。けれども現在，ミクシィやブログそしてツイッターのようなウェブ上の新しいコミュニケーション・ツールがこれほどまでに人気を集めているのは，単なる「新しいものに対する興味」だけとはいえないだろう。現実世界に欠けている「何か」がそこにあるからであり，その「何か」に対するニーズが確かに存在するからなのである。

私はその「何か」の一端を，ある学生との会話の中で見つけたような気がした。ミクシィの魅力について，ある女子学生に話を聞いたときのことだ。彼女はミクシィがサービスを開始した当初から利用しているヘビーユーザーで，比較的ディープな内容の日記を書くことが多い学生の一人である。

「現実世界では，どうしても自分を飾ってしまう。作り笑いをしたり，いいたくもないお世辞をいってしまったり。でも，そうしたことを続けているうちに，本音を語りたいというストレスのようなものがだんだん自分の中に溜まってくる。それを吐き出す場がミクシィなんです」と彼女はいう。

つまり，「場の空気を読むこと」が重要視される現実世界ではなかなか口に出せない本心を，飾ることなく誰でも自由に語ることができる場所，それがミクシィであり，ブログであり，ツイッターであり，つまりウェブというメディアであるというわけだ。

ウェブのオンライン空間では，匿名のIDやアバター（自分の分身となるキャラクター）を使って「王様の耳はロバの耳！」と，公衆の前で堂々と叫ぶことができる。自分が抱える心の痛みを，包み隠さず打ち明けることができる。照れも恥ずかしさもなく，青臭いセリフを駆使して，見知らぬ誰かの相談に乗ってあげることができる。一人きりの部屋でパソコンを操作していても，デジタルな文字が表示されるディスプレイの向こう側には，自分の本音に耳を傾けてくれる「誰か」が確実に存在している＝誰かとつながっているという安心感がある。「冷たい」といわれるデジタルなメディアは，実は「あたたかい」コミュニケーションの場になりうるのだ。

だから学生たちはミクシィ上であんなにも饒舌に語るのではないだろうか。学生たちの間でミクシィがブログやツイッターよりも人気を集めている理由は，コメントを書き込んだ人を特定しにくいブログや，自分の発言（つぶやき）を誰が読んだのかを確かめられないツイッターと比べて，ミクシィのほうが確実に友達（マイミク）とのつながりが確認できるという点が大きい。

本音を語りにくい世の中になって行き場を失っていた若者たちの思いは，ウェブという「はけ口」を見つけたのだ。おそらくウェブ上のコミュニケーションによって救われる心が増えているはずだと私は推測している。

利用し始めた当初はあまり評価していなかったミクシィだが，学生たちがこうした新しいスタイルのコミュニケーション・ツールを活用しているのを見ているうちに，今の時代の若者たちにとっては非常に重要な場として機能していることがわかってきた。「最近の学生は何を考えているかわからない」と嘆く大学教員が増えており，確かに講義中の表情やリアクションだけでは学生たちを理解するのは困難になってきている。けれどもミクシィによって，私は以前よりもはるかに深い部分で学生たちを理解することができるようになった（と信じている）。

現実世界を本音だけで生きていくのは簡単なことではない。ウェブ上に存在する自分のアバターに本音を語らせることによって，私たちは心のバランスをとることができるのだろう。そうしたバランスをとるための場として，ブログやツイッターのようなサービスが，これからの時代にますます不可欠なものとなる。

情報化が進むと，人間はますます孤独になってゆくのかもしれない。しかしウェブ上に誕生した新しいサービスが，今まで存在しなかったタイプのコミュニケーションを作り上げている。私は，そうした新しい技術が生み出すコミュニケーションに，これからも期待を込めて注目していきたいと思っている。

参考文献

北田暁大『嗤う日本の「ナショナリズム」』日本放送出版協会，2005年。

濱野智史『アーキテクチャの生態系—情報環境はいかに設計されてきたか』NTT出版，2008年。

原田曜平『近頃の若者はなぜダメなのか　携帯世代と「新村社会」』光文社，2010年。

第3章

時代の潮流と携帯電話の「過去，現在，未来」そして「サザエさん」

深澤　亨

1　はじめに

今は2010年７月。このたび中央大学総合政策学部の松野教授の依頼により，ちょうど３年前の2007年７月に書いた原稿を見直しているところである。携帯電話という著しく進歩が早い分野では，随分昔？の原稿という感は否めない。読み返して正直この３年間の変化の早さに改めて驚いているところである。当時の原稿の修正は数字に関係するところを除いて必要最小限に留め，３年間で起こった新たな変化をコメントとして加えた。当時読み切れなかったいくつかの事象にも触れ，改めて予測することの難しさを再認識したところである。

KDDI総研（以下「KRI」）というシンクタンクで調査分析業務に携わって2010年３月で６年半が過ぎた。現在はジャパンケーブルネットというケーブルテレビの会社でマーケティングを担当しているが，KRIでは，情報通信分野の市場動向調査，商品・サービス開発のためのマーケティング調査，顧客満足度分析調査，ライフスタイルの変化に関する調査など，さまざまなテーマを広く扱ってきた。その経験から，“肌に感じた変化”を思うままに述べてみたい。

さて，読者の皆さんは，このタイトルを見てどう思われただろうか。どんな文章展開を想像しただろうか？　携帯電話契約数はすでに1億1713万台を突破し，幼児と70代以上の高齢者を除いてほとんどの人が携帯電話を持っており，携帯電話は今やなくてはならない生活必需品となってしまった。しかし，この現実がありながら，今でも視聴率が20%前後と多くの国民に視聴されているアニメ番組「サザエさん」には，この携帯電話が出てくるシーンがまったくない。なぜ？　不思議に思いませんか？　この素朴な疑問がこの文章を書くきっかけになった。ここではあらゆる物が影響を受ける経済・社会の潮流を読むことから始まり，次にその大きな流れの中で携帯電話の発展の歴史を振り返り，携帯電話が社会やユーザーの生活をどのように変えたのかを探り，最後にサザエさんと携帯電話の関係性を観察してみたい。

2　日本でこれから起こること

最近，書店に並んでいる本のタイトル，セミナーのテーマそして経営者の講演内容を見てみると短期的また中長期的（長いものでは50年後）な視点で，未来を予測したり，洞察したりしたものが非常に多い。いずれも我々に「来るかもしれないさまざまな事象」への準備を示唆している。これは何を意味するのだろうか。これまでの価値観や既成概念では説明できない事象の変化がそこかしこで発生し，過去の体験・経験の延長線上の考えでは解決に至らないケースが目立ってきている。誰もが先の読めない複雑怪奇な世の中に将来の不安を隠せず，この未知の漠とした「何か」を専門家といわれる人たちにできるだけ明確にしてもらい答えを導き出してもらいたいと思っている。しかしながら，いつの時代も先を読むことは難しい。技術や社会の変化のスピードが時間の経過とともに加速度的に増しているこの時代においてはなおさらである。このような時代には目先の変化だけにとらわれて木ばかり見て森を見ないでいると大局を見誤りかねない。こんな時代だからこそ大きな流れを押さえておくことが肝要なのだ。まずは，私たちが住む「日本の今後」を眺めてみることにしよう。五つの潮流にまとめてみた。予測確度に程度の差こそあれ大きなズレはないはずである。

第1に「人口減少」である。10年後には約50万−200万規模で日本の人口は減少していく。労働力となる15−64歳の生産年齢人口の減少は免れない。年代別ボリューム構成も10−30代と50代が7−18%程度減少し，60代以降が一気に増大，70代に至っては30%弱の勢いで増加していく。今後は世界に類を見ないスピードで人口の世代構成が高齢型へと大きく変化する。

第2に「環境・エネルギー問題」である。地球温暖化による規制はますます厳しくなり，政府も企業も消費者も環境に優しい行動を一層求められるだろう。水も食糧もエネルギーも希少さを意識した大国による資源の陣取り合戦が激しくなっていくものと予想される。資源の乏しい日本の資源確保戦略が一層問われる時代となる。

第3に，「グローバル化」である。国際競争はさらに激化し，国境を越え世界規模でM&Aが行われ，中国やインドの経済的地位は増大し，それに伴いアジア経済圏のステータスがこれまで以上にアップしていく。大企業といえども安泰ではない時代だ。JALの破綻を3年前にはほとんどの者が予想していなかった。また，国内労働力の減少は始まっており，日本は早晩経済力維持のため労働力としての外国人を受け入れざるを得なくなる。“普通に”外国人が隣にいる社会になっていくだろう。

第4に，「高度情報化社会」である。「ユビキタス&IT社会へ」という呼び名通り（平成22年版の情報通信白書では「ICTの利活用社会の構築」がメインテーマ），ITは我々のニーズをどんどん実現し，不便・不都合が着実に解決されていくことだろう。IT過疎分野である農業，医療，教育もITの恩恵をより多く享受し，相当程度発展・進化していくはずである。

最後に，「経済の成熟化」である。高齢化する一方の人口構成，製造国家から投資国家への変貌，2%台の経済成長は「日本経済の大人化」を意味する。さらに需給両サイドともに高付加価値型へと舵取りを余儀なくされる時期にさしかかったといえる。

これらの五つの大きな変化は複雑に絡みあい，相互に作用しあい，社会経済の基盤となる下部構造を築いていく。これらの大きな変化が進行する中で，ITの最先端を行く携帯電話は今後どのように変化していくのだろうか。

3 | 携帯電話の過去・現在・これから

(1) 過去から現在

携帯電話の起源は1979年12月に，NTTがまだ電電公社（政府が全額出資）の時代に「自動車電話サービス」として開始されたことによる。1994年にこれまでの端末のリース制から売り切り制に転換したところから加入者数が一気にブレイクし始め，今では1億1713万台（PHSを含む2010年5月末現在の数字）に達する。日本全体での普及率（加入数は，約90%にまで達しようとしている。一人が複数契約している場合もあるので実際には80%台前半と見てよいだろう。加入していない主な層は幼児と70歳台後半の高齢者ぐらいといってよい。

ちなみに13年前の1997年，現在の社会人1，2年生が小学校高学年の頃は，図3-1にある通り，携帯電話が急激に加入数を増加させている最中にあったが，電話といえばまだまだ「固定電話」が主流の時代（図3-2参照）であった。その後，固定電話は携帯電話のうなぎ上りの増加を尻目に徐々に加入減の道をたどり続け，今では主従がすっかり逆転してしまった感がある。固定電話を持たず，携帯電話のみを所有している大学生も珍しくない時代になった。

一人1台化しつつある携帯電話。音声通話→カメラやメール・絵文字通信→着メロ，着うたなどのエンタメ系通信→クレジット機能を有した生活系通信→ワンセグ放送，携帯SNSと次々と新機能を搭載し新サービスを導入，今やそれは単なる通信手段から生活手段のツールへと進化し，利用価値を増している途上にある。技術的にも，当初はPDCという日本独自の通信方式を採用した第2世代から，第3世代（3G）が主流となり，通信速度もようやくキロビット単位→メガビット単位（ただし一桁台）が可能となってきた。

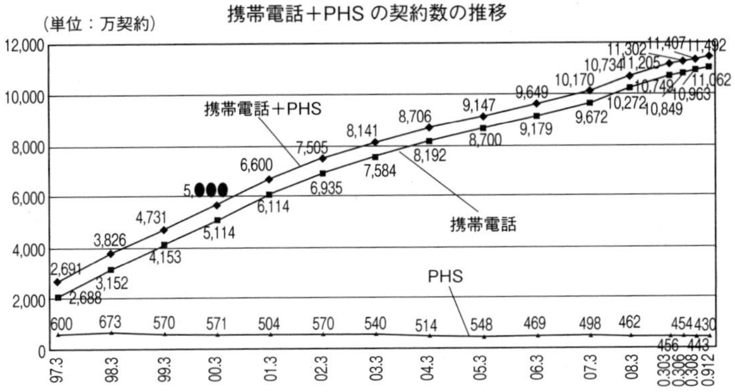

注：各契約数は四捨五入を行っているため，合計値が合わない場合がある。
（出典）総務省報道資料，2010年７月６日。

図3-1：携帯電話＋PHS の加入数（1997年３月-2010年３月）

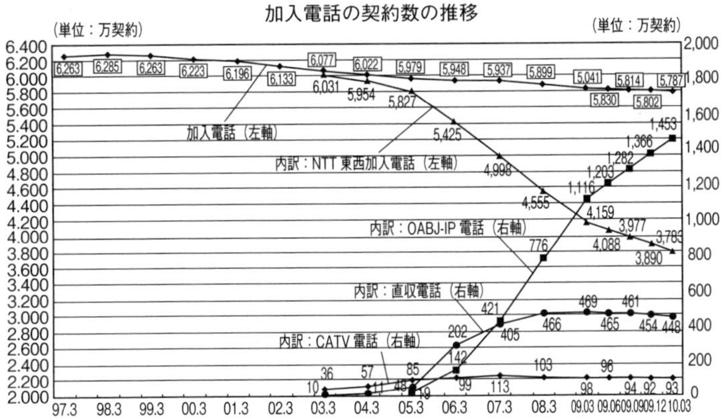

注１：加入電話とは，NTT 東西加入電話（ISDN を含む），直収電話（直加入，新型直収，直収 ISDN の合計），OABJ-IP 電話，CATV 電話をいう。
注２：OABJ-IP 電話は，利用番号数をもって契約数とみなしている。
注３：各契約数は四捨五入を行っているため，合計値が合わない場合がある。
（出典）総務省報道資料，2010年７月６日。

図3-2：固定電話加入数（1997年３月-2010年３月）

これにより着うたフルなどのデータダウンロードが短時間でできるようになり，動画やテレビ電話も多少のストレスは感じるときはあるものの利用して十分に楽しむことができる。

（2） これから

現在の第3世代携帯電話（3G）は3.5Gから次世代の4Gへと進化し，2017年前後には100メガ級の「高速大容量化」の目処がついている状況だ。これは映像系サービスに格段の進歩をもたらすと同時に，情報伝達量にふさわしい携帯端末の開発を軸として新しいサービスがどんどん開発されていくこととなろう。これまで以上に生活のあらゆる場面で“携帯情報端末”を普通の感覚で利用する世の中になっていくだろう。ここであえて“携帯電話”ではなく“携帯情報端末”と書いたのは，その主たる目的が人と人のコミュニケーションを扱う会話ツールから生活周りの情報を生かした情報伝達生活型携帯へと大きくシフトすると考えたからである。これから携帯端末・サービスの分野で起こる事象をいくつか具体的に挙げてみたい。

第1に，通信料金である。音声もデータ通信同様パケット化されて定額制が普通になり時間当たりの単価は下がっていくだろう。音声のデータ化でデータ量に基づいた通信料金一本化に集約していくかもしれない。

第2に，携帯電話端末の価格である。販売奨励金制度の見直しで今では大分改善されてきたが，まだまだ見かける激安端末。だんだんと激安で買いにくくなっていくだろう。なぜなら新規需要が停滞し，通信事業者もこれまでのように多額の販売奨励金を負担できなくなりつつあるからだ。この日本独特の商習慣構造は世界でほとんど見ることができない。「日本の今後」でも説明したように，グローバル化の進展は携帯端末の世界においても“世界標準の流れ”に乗らざるを得なくなる。最近でこそiPhoneのようなスマートフォンと呼ばれる端末を見かけるようになってきたが，少し前までは，多くの人が所有する携帯電話端末のメーカーといえば，シャープ，NEC，パナソニック，東芝，富士通，ソニーエリクソンなど国産メーカー（ソニーエリクソンは別だが）がほとんどであった。今後はサムソン（韓国），ノキア（フィンランド），モトローラ，アップル（米国）などの外国メーカーが続々参入，国産メーカーと激しい競争を繰り広げることとなろう。意外に思うかもしれないが世界における携帯電話端末のシェアにおいて，国産メーカーは全部合わせてもわずか数％しかないのである。理由は日本における携帯電話端末の技術レベルが低いからではない。逆である。海外の追随を許さないぐらいに高レベルにあったからなのだ。日本は独自仕様にこだわりすぎて，高い技術力を国際競争市場に生かすことができなかった。国内の通信事業者と端末メーカーが築き上げた日本独特の長年の強固な構造的関係が皮肉にも海外から置いてけぼりを食う破目に陥ってしまったのだ。今後世界有数の端末メーカーと伍して競争していくためには，通信行政を担う総務省を始めとして，通信事業者，端末メーカーなど，関係者間の大きな構造転換が求められる。この分野にはアップル，グーグルやアマゾンといった海外の異業種が，新たなビジネスモデルで参入を着々と図っている。今は，革新的な変化の途上にあるといっていいだろう。

4　ケータイが変えた若者のコミュニケーションスタイル

今や１億加入を超えた携帯電話は多くの世代のコミュニケーションに影響を及ぼしている。特に10–20代前半のコミュニケーションスタイルを大きく変えたことは確かだ。それは「いつも誰かとつながっていないと不安でたまらない症候群」を生んだといってよい。この年代のメールを主とするテキスト形式の多くの対話は，メッセージに特段深い意味があるわけではない。例えば，それは別れてすぐに「元気？」とか「今何している？」とか「今日ごはん何食べた？」等々，特段の用事があるわけでなし，“ずっとつながっている”，“ずっと仲間でいる”ことを確認したいだけの表層的な連帯感の共有を目的としたものだ。ここには両者の関係性において，常に不安定でガラス細工のように脆い信頼関係しかないといってもよいだろう。「いつでも，どこでも，誰とでも」話せるユビキタス型携帯電話を使った「生の声ではない」テキスト形式によるメールコミュニケーションは，対面形式のコミュニケーションが本来持つ対話者同士の距離的近接感と時間的継続感を消失させてしまったのだ。会話における距離的（空間的）・時間的共有感覚がなくなってしまったのだ。メールコミュニケーションは深い人間関係や信頼関係を構築することが苦手で，時にあえて関係作りを拒否するような「引きこもり型関係構築できない症候群」を生んでいるといったらいい過ぎだろうか？
これは，最近目にする駅や電車の中といった公的空間での食べ歩き，靴のかかと踏み，極端に短いスカート，人前での化粧，携帯電話による大声通話等々，これまで家の中で行われていたことが，公的空間へ何のためらいもなく出現してきたことと無関係ではないだろう。つまり，外との関係を意識する希薄さゆえに周りへの配慮を欠いた行動が普通化してしまっているのだ。外との関係の希薄さと仲間内だけの表層的な連帯感は，公的空間を仲間内だけの心地よい環境に浸れ，そして日常生活に明け暮れる快適さに陶酔できる空間へと変えてしまったのである。

5 サザエさんの人気が潜在的に語るもの

長きにわたりロングセラーであり続け，いまだ20%台の高い視聴率を誇るテレビ番組がある。「サザエさん」である。どうしてこれほどまでに人気が続くのだろうか。それは今ではありえない前近代的な家族・家庭像に現代人が潜在的な魅力を感じ，見ていて息抜きができるからではないだろうか。平屋の広い庭付き一戸建，縁側もある。二世帯型大家族で，マスオさんは婿入りで残業がほとんどない。そこには嫁姑戦争が起こる可能性はまったくない。波平もフネも介護の心配を微塵も感じさせない。家事をしてくれるフネがいながらサザエさんは完全専業主婦である。商店街とのコミュニケーションはサザエさんもカツオも盛んだ。カツオの遊びは空き地での野球である。時間の流れもゆったりとしたものだ。いずれも，現代の日本の標準的世帯といわれる夫婦＋子どもの核家族型にはないものばかりである。逆に現在の実生活の中で普通に目にする光景でありながら，なぜかサザエさんにはほとんど出てこないものがある。それは，携帯電話で話をしたり，メールをしたり，パソコンでインターネットをしたり，携帯ゲーム機で遊び興じたりするシーンなどである。どれもITといわれる言葉でくくれる技術進歩の早いものばかりである。これらはみんなの生活をより便利に，より幸せにしてくれるというプラスの価値よりも，社会現象に与えている負の価値（例えばゲームのやり過ぎによる引きこもりや外で遊ばないことによる体力低下，携帯電話での学校裏サイトなどの陰湿ないじめ，インターネットに上がっているエログロ写真や匿名による掲示板での非難合戦，クイックレスポンスを求められる仕事等々）のほうが大きく評価されてしまっているからではないだろうか。ITユビキタス社会にサザエさん視聴者の多くが息苦しさのようなものを感じているのだと結論づけては，早合点過ぎるだろうか。

6　最後に

閉塞感が蔓延している感のある日本であるが，これから生きてみたいと思う未来をちょっと立ち止まって考えてみてほしい。水や空気がきれいで食べ物がおいしい社会。犯罪のない安全安心な社会。子どもや若者が夢や希望を持って暮らせる社会。高齢者にも社会が求める役割があって生きがいを感じる社会……まだまだいろいろあるだろう。

人間は老若男女を問わず「知りたい」，「楽しみたい」，「交わりたい」という根源的欲求を持っている。この欲求の実現に「コミュニケーション」は欠かすことができない。携帯電話もパソコンによるインターネットも，通信ネットワークを介在して行われるコミュニケーションはこれからも変化・発展していくことだろう。携帯電話を始めとしたIT利用社会の発展進化の方法が，人に優しく，息苦しくなく，お節介でもなく，そして，見えないところでは複雑で煩雑な技術が使われているとしてもそれを意識することなく，ごく自然に簡単に利用できるものになっていくのであれば，それはきっと心から“生きてみたい”と思う世の中へと限りなく近づいていくことだろう。携帯電話もパソコンもITもユビキタスもどれも人々を幸福にし，人々の生活を楽しく豊かに快適にするためにこの世に誕生したものだと思うから！

参考文献

『情報通信白書（平成22年版）』総務省。
『テレ虎（2010年版）』KDDI 総研。

第4章

電子会議室で
市民・行政はどう変わったか

平山元英

藤沢市市民電子会議室はインターネットを使った市民参画システムの草分け的存在として1997年にスタートし，2007年で10年目を迎えた。

市民電子会議室は，市民と行政がパートナーシップを確立し，協働してまちづくりを進めていくという「共生的自治」の考えを基に，インターネットを活用した「新しい市民参加（提案）制度の構築」と「ネットワーク上のコミュニティ形成」を目指している。

市民電子会議室には「新しい市民参加（提案）制度の構築を目的とした市役所エリア」，「ネットワーク上のコミュニティ形成を目的とした市民エリア」がある。市民電子会議室の運営は，公募市民による運営委員会により行われている。

1 運営委員会

運営委員会は2年に一度改選される市民公募の委員によって組織され，2009年４月で第７期を迎えた。

運営委員会はよくある自治体の審議会などとは違い，事務局が用意した議題を審議するのではなく，すべてを自主的かつ市と協働して会議室の運営に当たっている。その会議も電子会議室を使って行われ，会議室は誰でも閲覧可能である。運営委員会の要綱に定められた仕事は電子会議室の運営であるが，実際には電子会議室の内外へのPRや市民に対する講習，時には問題発言に対する対応など電子会議室に関するあらゆることに対処している。

2 市役所エリア

電子会議室には二つのエリアがある。市役所エリアは市が主催し，市の計画策定に市民の意見を反映させるために会議室が開設されるほか，常設の会議室ではさまざまな意見交換がなされ，運営委員会が取りまとめることにより市長へ「提言」することができる。1997年から1999年にかけて行われた3回の提言内容は確実に市政へ反映されている。この頃の提言内容は，地域情報化や公共端末の設置など電子会議室ならではの提言のほか，環境，まちづくりなど行政に対しての要望型であることが特徴的である。それに対し2000年に行われた提言は，事業計画に対する説明責任，情報提供，電子会議室への職員の積極参加など，具体的な要望事項ではなくなっている点が特徴的である。

その後，提言は少なくなり2009年まで提言は行われていない。

これにはいくつかの要因があるが，一つは市への苦情，要望が減ってきているということと，同じような話題が繰り返されるということがある。またテーマを定めない自主的意見交換から提言にいたるまで議論を深めることは難しいということも挙げられる。加えて議論が深まる前に意見交換が収束してしまうこともある。

電子会議室も10年を迎えるようになると，電子会議室の達人が育ってきており，そういった達人たちの会議室での「振る舞い」から電子会議室が「市への苦情の窓口」ではないという雰囲気ができ上がっている。

繰り返される同様の話題（例えばごみ問題や落書き，海岸のマナー違反など）は会議室の参加者同士の会話により苦情となる前に収束していく。そこには，文章化できないルールやマナーが長年の経験からでき上がっているのである。

しかし，電子会議室を通しての提言が減った大きな要因は市の対応の変化であるといってよい。

苦情や要望といった直接的な表現でない発言にも市の担当課の対応は過去に比べて早くなっている。改善すべきところは，その場で対応してしまうため「提言」までする必要がなくなっているのである。

最近の事例を取り上げてみよう。

「近所に大型ショッピングセンターができました。これについて気づいた点をいくつか。市のほうも，もしもこれについての経緯や今後の対策について，何かコメントがあれば，お願いいたします」

2006年6月11日に「くらしまちづくり会議室（現みんなの話題会議室）」に，このような書き出しでショッピングセンターと歩道，横断歩道のことなどについて写真入で危険な状態であると思う，という発言がなされた。

これに対して，関係するいくつかの部署を代表して道路管理課から説明があったのが6月20日である。最後にこう結ばれている。

「横断歩道の設置については基本的には警察（公安委員会）の所掌するところですが，今後の交通安全対策への取り組みについて関係機関と協議していきたいと考えています」

その後，経過説明がないまま2カ月が過ぎた頃，最初とは違う市民から再び発言がある。

「車椅子など歩行不自由な人には，モールに止めるのは困難のような気がしました。ぜひとも関係者の方々のご検討をお願いしたいと思います」

これに続いて現地の写真をいろいろな角度から撮りレポートをするものが現れる。

「ご意見のあった大型店の間の横断道ですが，文章だけではわかりにくいので議論の参考資料になればと撮ってきました。歩行者のいる時間帯はプライバシーの問題もあり，早朝の人のいない時間帯です」

この後この話題はしばらく会議室をにぎわすことになる。

そして11月11日最初の発言者から報告がある。

「大型ショッピングセンターを久しぶりに通りましたら，新規と既存の店の間を渡る道路に，横断歩道ができているのを見つけました。白線以外の部分も，鮮やかな青色に塗られていました」

この例では，直接市からの発言は最初の１回であるが横断歩道の設置の実現に向けて，市，警察，事業者などが何度か会合を持ったということがあとから知らされた。

このことこそが，提案によらなくてもまちづくりを変えることができる実例といってよい。従来からある市議会への陳情や地域の実力者の手柄によらず問題解決をしたのである。

2009年には，市役所エリアに提言を目的とした会議室の開設を行い，電子会議室からの提言を実現させている。ここでは，運営委員会が提言を取りまとめるのではなく，提言するテーマを会議室上で出し合い提言書のまとめまで会議室参加者主導で行ったことが特徴的である。

「提言のためのテーマ募集」会議室には参加者が日ごろから関心のあるいくつかのテーマが発言された。中でも参加者同士での意見交換が継続し，行政側からの情報提供もあったのが「学校図書室支援ボランティア」であった。

発言タイトルは「生涯学習大学はばたき学部『学校図書室支援ボランティア』卒業生に対する斡旋と活動実態について」。発言はこのように始まる。

「はじめまして，○○と申します。常々，標記の件にて，行政に提言できる場を求めておりました。(以下略)」

問題提起は，市の生涯学習大学の「学校図書室支援ボランティア講座」でボランティア講座を行い卒業生を輩出しているのに，そうしたシステムが学校側に十分理解されていないため現場でボランティアがうまく生かされていないことや，図書室のあり方への提案などから徐々に膨らんでいったが，学校の図書室という限られた現場のことであったため，議論の参加者は少なかったものの経験者からの貴重な発言や情報提供で議論は深まっていった。

その後，提言をまとめていくための「もっと活用・活躍！学校図書室支援ボランティア会議室」を開設し，提言書のための議論を続け，同時に実際に

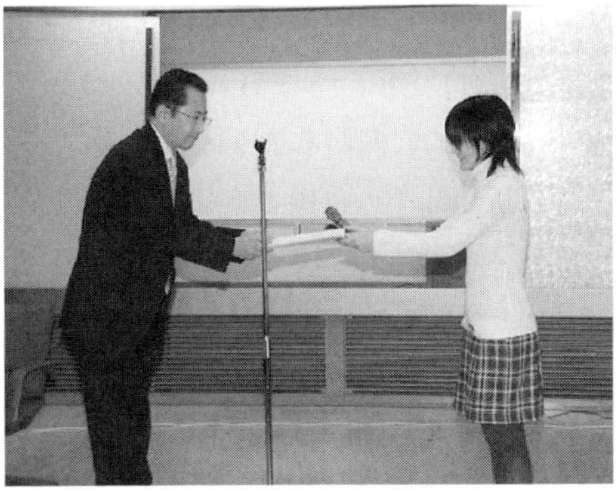

小学校，中学校の図書室を見学し校長先生の話を伺ったり，オフ会を開き顔を合わせてのミーティングを行うなど，テーマに関心のある参加者を含めて提言書の文案の作成まで行った。

提言書は，2009年2月に行われた市民電子会議室交流会の場で市長へ直接手渡されたが，これも電子会議室ならではといえる。

3　市民エリア

市民同士のコミュニティ形成として，最近ではSNSのほうが親しみやすくそれを利用し自治体が地域SNSを始める例も多い。藤沢では市民電子会議室の市民エリアが市民同士のコミュニティ形成の場として開かれている。

市民エリアにはサークル型の会議室もあるが市役所エリアが実名での発言であるのに対して市民エリアではニックネームでの発言が許されているため，実名で発言しづらい内容を話し合う問題提起型の会議室もある。

その中の一つ「バリアフリーを考える」会議室からは，バリアフリーに対する意見交換からバリアフリーマップ作りが始まった。

「バリアフリーを考える」会議室は障がい者の家族を持つ母親である市民が開設した会議室である。会議室には障がい者だけでなくバリアフリーに関心を持つさまざまな市民が参加しているが，会議室開設者のホスピタリティ溢れる語り口のため深刻になりがちな内容も“さらり”と会話されていく。その会議室であるとき，「藤沢にはバリアフリーマップがない」という書き込みがあり，そのことをきっかけにオフ会などを経てWeb上にバリアフリーマップを作る活動が始まった。はじめは，「市の力を借りると作りたい地図が作れない，自前で作ろう」ということから手探りで始めたバリアフリーマップ作りであるが，その活動に注目した慶応大学と藤沢市に協働を持ちかけられ，国の「e まちづくり交付金」を利用したGISを利用したマップ作りに中心的に関わるようになる。

この活動はその後国土交通省のGIS普及定着化事業に採択され，藤沢市のインターネットを使ったもう一つのコミュニティツール「ふじさわ電縁マップ」と発展していくのである。

ここでも，市民が行政を頼らずに続けた活動に行政側が協働を持ちかけるという，従来とは違った形の市民参画が実現している。

4 市民自治の自覚

電子会議室を通して市民自治の自覚が確実に醸成されていると思われる事例の一つに，2002年に起きた「湘南市合併問題」がある。

2002年1月年頭の市長挨拶で市町村合併に関して研究する「湘南市研究会」を近隣3市3町（藤沢市，茅ヶ崎市，平塚市，寒川町，大磯町，二宮町）で設置するということが発表された。このことをきっかけに市役所エリアにさっそく意見が寄せられる。

こうした経過を受け2002年2月7日に市役所エリアに新しい会議室が開設された。行政主体の「湘南市研究会」に対し，電子会議室では主役が市民であることをアピールするために「市民版！湘南市研究会」と名付けられた。

市町村合併について議論するとき，合併の目的や意義，市民サービスや生活環境など，合併により市民生活の「何が変わるのか」という具体的な情報と同時に現状を知るための情報が重要である。さらには，地方分権に対する情報，例えば政令指定都市になった場合，市民生活にどんな変化があるのか，といった情報をもとに議論が進むのであるが，実際には行政からの情報提供は少なく，会議室では市民の発する不確かな情報に対し，専門知識のある市民がそれらを訂正し議論を進めるといったように市民同士が情報を寄せ合いながら意見交換は続いた。会議室での意見交換を通じ，「市町村合併についての主人公は市民である」ということが会議室の参加者には見えてきた。市民が正確な情報を元に自発的に議論を進めていくことこそ市民自治の自覚の芽生えなのである。

この会議室の開設期間は約50日間。この間与せられた発言数は165，文字数にして94000字となった。

市から提供される情報は少なく，市民同士の意見交換の元となる情報が不足していたが，すべての意見は分類しいくつかの項目として分析され報告書にまとめられ市へ提出するとともに，報告会を開催して会議室参加者と意見交換を行っている。こうしたことはすべて市民による運営委員会により実施されたのである。

市民自治という言葉を意識しなくとも「市民自治」を実践していくこうした姿こそ，市民自治に対する自覚の芽生えであるといえる。

5｜市民参加システムとしての市民電子会議室

市民電子会議室はインターネットという従来なかったツールを利用することにより，従来型の市民自治ではない形の市民自治，市民参画を実現した。市民，行政どちらも「前例がない」ことがこうした実現をもたらしたのであるが，前例に頼らないという双方の姿勢を持ち続けることができたことが大きな成功要因であるといえる。

一時期ほど電子会議室というシステムが珍しくなくなったとはいえ，藤沢市市民電子会議室はいまだに「成功事例」として取り上げられ，他の自治体からの視察，ヒアリング，取材，シンポジウムへの参加依頼などは多い。そうした場では藤沢の特徴的なことは市民運営方式と，市民と職員との連携のよさであるとの指摘を受ける。多くの自治体の場合は，自治体が運営主体であることが多いため，市民との「会話」が成り立ちにくい。藤沢では市民同士あるいは市民と行政がきちんと「会話」ができているという評価があるのである。

電子会議室が始まって12年，この間に電子会議室を経験した市民は陳情や請願，声高の抗議をするよりも，素直につぶやくほうが市の対応がスムーズであることを学んだ。

市も市民のつぶやきに耳を傾けることで市民の要望を政策により早く反映できる可能性を学んだ。市民電子会議室のネットワークは地縁・血縁などで結ばれている人間関係を越えて，情報の縁（藤沢ではこれを電縁と呼んでいる）で結び付く役割を果たしているといえる。電縁により作られた関係は，自発的に情報を発信し，その情報を誰もが共有することができるため，地域や環境問題について積極的に議論をしたり，子育てやまちづくりなどそれぞれの目的，関心事などの共通意識が存在している。そこには強制力はなく，自らの意志での自由参加，交流が可能な集まりなのである。

市民電子会議室は情報ネットワークで結ばれた縁を活用して，従来の地域社会を活性化させ，地域住民の意識的な協力や参加による新たな取り組みとなる可能性を秘めている。

参考アドレス

- 学校図書室支援ボランティアに関する提言書
  http://www.city.fujisawa.kanagawa.jp/content/000291366.pdf
- 藤沢市市民電子会議室（2011年４月より NPO 運営）
  http://net.community. city.fujisawa.kanagawa.jp/guidance/toppage.php
- 藤沢電縁マップ（2010年３月終了）

第5章

シチズン・セントリックな考え方
情報社会における基本理念

大橋正和

1 はじめに

近年，シチズン・セントリックという概念が重視されている。電子政府そのものが官の電子化というよりは官とシチズン（市民）を結ぶ新たな仕組みであるという考えにたって官中心にシステムを考えるのでなく市民が何をしたいのか（オブジェクト）を中心に考えるべきだという考え方で，シチズン・セントリック（市民中心主義）と呼ばれている。

この考え方そのものは，ネットワーク社会では，従来より存在したが実際に実現できる技術と社会が必要とするようになったのは，電子政府が各国で構築され本格的に利用され始めた2004年頃からである。

これを支える技術は2000年から始まったWebサービス（英語では複数形のWeb Services）である。最近話題になっているWeb2.0もWebサービスの技術が基になっている。Webサービスはもともとシチズン・セントリックを目指して始まった動きないし技術といえる。本来は，Citizen Centric e-Government などシチズン・セントリックのあとに名詞が続くのであるが，概念をわかりやすく説明するためにシチズン・セントリックという言葉を使っている。

2 | シチズン・セントリックな考え方の例

この概念に関して著者の関係したプロジェクトで説明したい。

(1) 教育への応用 (1994–1997)

1994年から総合政策学部の情報系の授業の中に取り入れたのがDNA (Digital Network Academy) と呼ばれたプロジェクトで広義の協調学習である。学生のレポートをWeb上に提出させ公開することにより議論を促したり，グループ（4人前後）で自由研究のテーマを決め，まとめるまでのプロジェクトとしてWeb上で研究を実行させたり，自動採点問題や三階層を持つテキストの試作をしたりして学生中心の授業を行った。このプロジェクトは，1995年に教育CALS研究会や情報処理技術者試験の模擬試験を自動採点システムでネット上で公開するなど外部プロジェクトへ発展していった。

(2) 地域情報化への応用

1997年頃から武蔵野市の情報化委員会において行政の情報化のあり方について，ディレクトリーサービスという概念で市民の行いたいオブジェクトを中心とするべきであるという考え方を提案し，Web上での市民サービスの模擬シミュレーションをコムジャパンのCALSブースでゼミの学生と一緒にデモした。

これは，行政の手続きを行う場合市民は，何か行いたい目的（オブジェクト）があり手続きを行うという考え方に基づきそのオブジェクトを分析したものである。例えば，住民票を取得する人は住民票そのものが目的ではなく，パスポートや免許を取得するための目的を持っている。引っ越しをしたときを考えると，引っ越しをするというオブジェクトには，住民票を書き換えるばかりでなく，子どもがいれば教育の手続き，免許の変更，また，銀行の口座や電気，水道，ガスなどの手続きが必要である。住所を変えるだけでさまざまな手続きが必要でありこれらを行政の縦割りの組織ごとの手続きではなく，ディレクトリーサービスを行うべきであるというのがこの考え方の中心である。1998年には，神奈川県の協力を得て横浜市のタウンテレビ金沢，東急ケーブルビジョンのCATVを利用したインターネットサービス上でどのくらいのオブジェクトが必要なのかを実験した。この結果，市民サービスの80%以上をWeb上に15から20ぐらいのオブジェクトにまとめることができることを確認した。このことは，同年フランスのポアティエで行われたOECDの地域開発の会議で発表した。

（3）Webサービス技術の進展

2000年頃からXML Webサービス（通称Webサービス）の技術が提案されPCメーカーのDellなどにおけるサプライチェーンマネジメントでの成功例が報告されるようになってきた。しかし，メーカーやベンダー各社のこの技術に寄せる期待の大きさから標準化作業に時間がかかり一般への普及を遅らせることとなった。しかし，米国では2004年には，企業の75%が何らかの形でこの技術を利用するところまで来た。この技術が基礎となり最近よく知られるようになったWeb2.0に発展している。この技術の思想は，利用している本人が中心となってサービスが展開されるという思想で，供給側が中心であった従来の情報システムから利用者側の欲するサービスをネット上で実現するという思想である。すなわち利用者が望むオブジェクトを実現するためにデータをXMLで記述してシステムがWeb上で展開されるためOSなどのシステムやPCや携帯といった機器に依存することなく利用可能なことが重要な点である。第2世代のWebサービスの社会システムへの応用を考えて2003年から準備をして，産官学で2004年からWebサービスイニシアティブを立ち上げこれらの考え方の普及啓蒙に努めてきた。

3　ソーシャル・デザイン・テクノロジーと実証実験

実証事例1：異なるCA間認証ローミングを用いた在学証明書の発行（2006年）

(1) 背　　景

今日，インターネットによるさまざまなサービスが提供されている。また，これらの多様化するサービスと既存の社会インフラを組み合わせることによって，ユーザーにとってより便利なサービスが生まれるようになってきている。しかし，これらのサービスの連携はサービス提供企業ごとの仕様に基づくことが多く，新たに他サービスを連携させる場合，仕様の違いから連携できないことが多い。このように，これまでサービスの提供者を中心に考えられてきたこれらのサービスであるが，認証ローミング技術を用いることによって，利用者中心の社会インフラを安心・安全に連携することができると期待されている。

2006年８月末に行われた実証実験では，この認証ローミング技術を用いて，セブン-イレブンの店舗に設置されているマルチコピー機を利用し，中央大学の在学証明書を受け取るという実験を行った。これまでであれば，在学証明書など，大学の証明書は事務局の窓口に行かなければ受け取ることができなかったが，この認証ローミング技術によって，大学とコンビニを連携することで自分の好きな場所のコンビニで在学証明書を受け取るということ

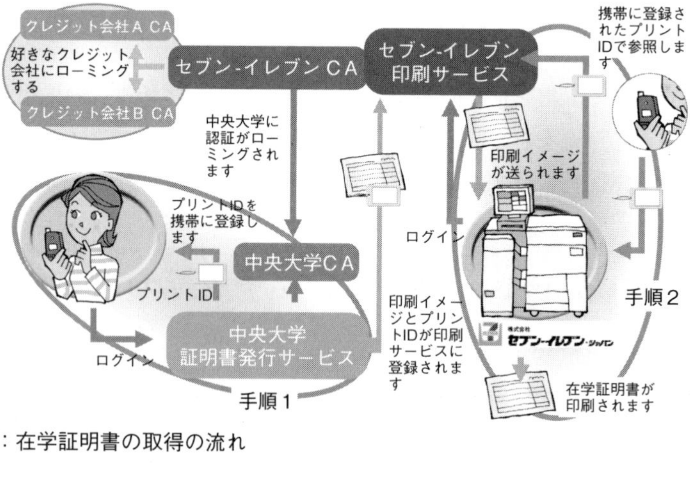

図5-1：在学証明書の取得の流れ

が可能になる。

(2) 概　　要

証明書を発行する手順は大きく分けて「申請」と「印刷」という手順に分けることができる。

申請の手順としては，まず，自宅のPCや携帯電話などから，中央大学にログインを行い，証明書の申請を行い，証明書を受け取りたいコンビニエンスストア（セブン-イレブン）を選択する。このとき，証明書のデータがセブン-イレブンのプリントサーバーに送られる。同時に，印刷物を特定するためのプリントIDが返却されるのでFelicaタイプのICカードにデータを書き込むか，もしくはメモをしておく。

次に，印刷の手順の流れであるが，利用者は先に選択したセブン-イレブンの店舗へ赴き，セブン-イレブンのマルチコピー機を使用して，コンビニのコピー機からセブン-イレブン経由で中央大学にログインしてセブン-イレブンのサービスを利用して，印刷する。この際に，認証ローミング先に中央大学を選択することで，セブン-イレブンに利用者のユーザーIDを登録しなくても，中央大学のユーザーIDに基づいた本人認証が行われ，セブン-イレブンから認証結果に基づいたサービスを利用者は受けることができる。利用者はプリントサービス画面でFelicaリーダーに学生証のICカードが登録されたおサイフケータイを置くことで，プリントIDが読み込まれ，それにひも付けされた証明書を受け取ることができる。分散認証技術の拡張機能を利用した。

このような，一連の操作で，場所と時間に制約を受けることなく，証明書の受け取りをすることが可能である。

また，この証明書は，普通紙に地紋印刷という技術を用いることによって，複製が不可能となっているため，原本性を担保することが可能であるといえる。認証と拡張機能を同時に実証したのは世界初である。

これらICT（情報通信技術）を社会に応用するためには，単なる技術を社会へ応用するだけでは十分でなく，技術を総合化して社会システムを構築する科学が必要であるといわれ，社会学者の吉田民人は，「産業革命後の工業化社会には，理学を実践するための設計学としての工学の存在が大きかった。21世紀には，社会科学・人文科学のための設計学が必要である」といっているが，SDT（ソーシャルデザインテクノロジー）はまさにこのための仕組みであると考えている。

（3）アンケート結果

証明書発行サービスについて，2006年10月26日に行われた次世代Webカンファレンス REMIX で，アンケートをとったところ，次のような結果が得られた。まず，ビジネスとして証明書発行サービスをどう思うかについては，約60%の人が，面白い，まあ面白いと答えた。次に，このサービスの利便性・期待性・将来性について質問したところ，利便性が高いと答えた人は約65%，期待できると答えた人は約55%，将来性が高いと答えた人は50%だった。コンビニで出力できるということで，利便性については，高い評価を得ることができた。また，利便性が高いことから，期待度も高くなったと考えられる。しかし，将来性については，23%の人がどちらでもないと答えた。これは，将来，住基ネットのように電子化されたものや，バイオ認証のように，証明書に変わるものによるデジタルでの証明を期待しているのではないかと思われる。最後に，このサービスで今後どのような証明書の発行を希望するかについては，市役所などが発行する証明書が42%と最も多く，次いで，学校，医療機関が発行する証明書，領収書・明細が７%，給与明細が３%となった。やはり，多くの人が，公的機関で発行される証明書を，時間や交通費をかけて取りに行かなければならないことを，煩わしいと感じているようだ。しかし，マルチコピー機で公的書類を出力する場合，安全性について不安があるという意見もあった。

しかし，従来のシステムでは，サービスの提供側がサービスの受け手に受け取る場所などを指定していた。書留郵便などはこの典型である。この実証実験では，供給側の論理でなく受け取る側が好きな場所で好きな方法で安全・安心にサービスを受けることができる点が従来と大きく異なる点である。これが，シチズン・セントリックの考え方である。

4　シチズン・セントリックの考え方によるアイデンティティ基盤

認証に関しては，筆者らが2005年政府の規制改革のために「信頼できる社会基盤としてのネットワーク」を作成した。これは，現在進行しているクラウドコンピューティングの到来を予測した分散型の社会システムを想定した考え方に基づいている。

信頼性のあるネットワークを基盤とした安心・安全な情報社会を実現するためには，セキュリティ基盤，アイデンティティ基盤，サービス基盤の三つの基盤を確立する必要がある。特に，情報の適正な利用を図るためのアイデンティティ基盤とデジタル情報の存在と原本性の証明をするタイムスタンプが重要である。

(1) 情報の適正な利用に関する考え方

1．情報システムを利用するすべてのアイデンティティを漏れなく分散環境下で統合的に管理・運用すること（アイデンティティ基盤）。
2．認証・許可・属性といった厳密な本人認証と，許可された必要な範囲内に限られた情報アクセス制御を行うこと（アイデンティティ基盤）。
3．誰がどの情報アクセスをいつ行ったのかをきちんと記録し，内容も含めて第三者による原本性の証明が可能なこと（タイムスタンプ）。

(2) アイデンティティの５Ａの必要性

①認証（Authentication）…利用者をユニークに特定するための情報。

②認可（Authorization）…利用者に与えられる権限情報（情報へのアクセス・操作許可）。

③属性（Attribute）…利用者の個人属性（所属，役職など）。

④運営・管理（Administration）…アイデンティティの適切な運営・管理。

⑤監査・追跡（Audit）　…セキュリティ上の問題がないことを保証・説明する（監査・追跡）。

相互運用性：5Aすべてにおいて異なる認証主体間，サービス主体間で連携し，ワンストップサービスとそれに伴う認可，属性の交換，複数の認証主体にまたがる追跡・監査の実現が必要である。このアイデンティティ基盤は，RFIDなどの広範な普及によって航空手荷物のように荷物にも人のアイデンティティを付与したり，ユビキタス環境では，物品（生産者証明など）にも数々の情報を付与するときにはアイデンティティ基盤が重要な役割を果たすことになる。

実証事例2：デジタル市民生活プロジェクト—電子私書箱・年金モデル分散認証拡張機能によるデータ交換実証実験（2010年）

（3）背　　景

2006年以降従来の集中型の認証システムから分散認証の概念が普及し始め，リバティ・アライアンスが提唱するSAMLとオープンIDファウンデーションが提唱するOpenIDによりEU，USを中心としてさまざまな事例が提供されるようになってきた。

（4）概　　要

官が保有するデータを市民がセキュアーに取得しさらにそのデータを民間事業者に受け渡し活用するために実証実験を実施した。データとして年金のデータを電子私書箱経由で官・市民・民の間で認証およびデータの交換がセキュアーに行えるシステムを構築した。

検討の視点として以下の6点を設定した。

①当人確認

②身元確認

③デリゲーション（代理人，委任状）

④信頼度（アサーションの信頼レベル，参加者の信頼度）

⑤データの連携

⑥責任分解点の表現

ここで，①当人確認，②身元確認，③デリゲーション，および④信頼度は，技術的にはOpenIDによる認証連携の適用が，⑤データの連携，および⑥責任分解点の表現は，電子私書箱のような情報の受け渡しをサービスとて提供するシステムでは基本的な要件であり，技術的にはOpenIDによる属性連携やOpenIDの拡張機能であるCX（Contract eXchange）による動的に契約書を取り交わす機能の適用を行った。

OpenID CXであるが，この技術は，複数のアクター間でデータを受け渡す条件を調整（テンプレートの提示で調整）し，その調整結果（コントラクトと呼ぶ）と受け渡すデータを一緒にしたものに双方のアクターが電子署名し，交換するプロトコルである。

図5－2の年金モデルの図に示す通り，電子私書箱には利害関係の異なる複数のアクターが関与する。この利害関係の異なるアクター間でデータを受け渡す場合，契約としての何らかの条件調整（例：利用目的や利用条件の制限，対価，賠償額，有効期限など）が発生することは，容易に想像できる。

この条件調整の機能は，アクターが少数である場合，当事者間で仕様を取

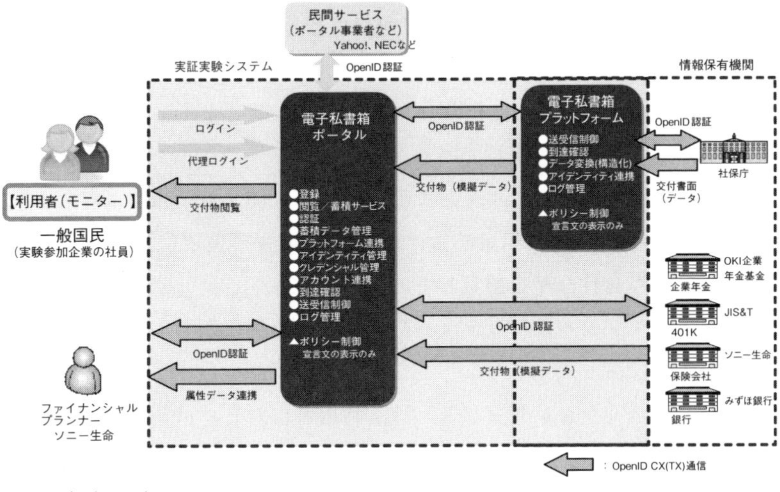

図5-2：年金モデル

り決め，個別に実装してもよいが，互換性のない小さな空間をたくさん生み出すこととなり，効率的な方法とはいえない。さらに，ネットワーク環境が普及した現状においては，動的な調整機能が必要であり，個別実装は現実的な方法ではない。

OpenID CX は，複数のアクター間でデータを受け渡す条件を動的に調整する標準的な方法を提供し，上記個別実装の効率性や現実性の問題を解決する。

このモデルのアクターとしては下記 6 アクターから構成される。

①利用者
②身元確認サービス
③外部サービスプロバイダー
④情報保有機関
⑤ファイナンシャルプランナー
⑥レピュテーションサービス

①の“利用者”は電子私書箱の利用者であり，一般の市民を想定している。

②“身元確認”サービスは，公的なサービスや金融機関（法律に従い身元確認を行った利用者の ID を保有する機関）が提供するサービスを想定している。

③“外部サービスプロバイダー”は，OpenID に対応した ID を発行し，OP（OpenID プロバイダー）となりうるポータル事業者やインターネットサービス提供事業者などを想定している。

④“情報保有機関”は，年金および金融資産に関する情報を保有する機関で，日本年金機構，企業年金基金，確定拠出年金の運用機関，生命保険会社，銀行，証券会社などを想定している。

⑤“ファイナンシャルプランナー”は，資産運用に関しアドバイスを行う資格者である。

⑥“レピュテーションサービス”は，利用者に対し，情報提供先の信頼度に関する情報（今回はファイナンシャルプランナーの信頼度）を提供するサービスと想定している。現状，このようなサービスの提供者は存在しないが，類

似サービスとして，企業の信用情報や格付け情報を提供するサービスが存在しており，サービスモデルが具体化するに従い，レピュテーションサービスの担い手が具体化するものと推定する。

次に，利用者が直接的に接するユースケースとして以下の六つを抽出し実証実験を行った。

①利用者登録

②ログイン

③代理者登録

④情報保有機関登録

⑤情報の閲覧・参照

⑥ファイナンシャルプランナーへ相談

① “利用者登録”は，基本的なユースケースとして“アカウント作成”を包含し，“身元確認”，“高度認証手段の登録”および“外部サービスプロバイダーのIDで利用者登録”のユースケースがその機能を拡張する。また，“身元確認”が外部の身元確認サービスを利用する際には，属性情報やアサーションの交換に“データの連携”や“契約書作成・交換・記録管理”のユースケースがその機能を拡張する。さらに，“外部サービスプロバイダーのIDで利用者登録”が外部サービスプロバイダーを利用する際には，属性情報やアサーションの交換に“データの連携”や“契約書作成・交換・記録管理”のユースケースがその機能を拡張する。

② “ログイン”は，基本的なユースケースとして“当人確認”を包含し，“外部サービスプロバイダーのIDで当人確認”のユースケースがこの機能を拡張する。この“外部サービスプロバイダーのIDで当人確認”が外部サービスプロバイダーを利用する際には，属性情報やアサーションの交換において“データの連携”や“契約書作成・交換・記録管理”のユースケースがこの機能を拡張する。

③ “代理人登録”は，基本的なユースケースとして“IDひも付け”を包含する。

④ “情報保有機関登録”は，基本的なユースケースとして“IDひも付け”

を包含する。この“IDひも付け”は，多要素認証など，より高度な認証が必要な場合，“高度認証（OTP：One Time Password）”のユースケースがその機能を拡張する。また，情報保有機関の登録に際し，情報提供条件について何らかの契約を交わす必要がある場合には，“データの連携”や“契約書作成・交換・記録管理”のユースケースが“情報保有機関登録”の機能を拡張する。

⑤“情報の閲覧・参照”は，基本的なユースケースとして“データの連携”を包含する。情報提供条件について情報保有機関と何らかの契約を交わす必要がある場合には，この“データの連携”は“契約書作成・交換・記録管理”のユースケースでその機能を拡張する。

⑥“ファイナンシャルプランナーへ相談”は，基本的なユースケースとして“データの連携”を包含する。“データの連携”は，利用者がファイナンシャルプランナーと情報提供条件に関し，契約を交わそうとする場合には，“契約書作成・交換・記録管理”のユースケースでその機能を拡張する。また，多要素認証など，より高度な認証が必要な場合，“高度認証（OTP：One Time Password）”のユースケースが“ファイナンシャルプランナーへ相談”の機能を拡張する。さらに，情報提供に先立ち，情報提供先のファイナンシャルプランナーの信頼度を把握する必要がある場合，“ファイナンシャルプランナーの信頼度把握”のユースケースが“ファイナンシャルプランナーへ相談”の機能を拡張する。

この実証実験では，シチズンを中心として官のデータを民間の事業者や弁護士などのエージェントに安全にデータをやり取りするばかりでなく，妻などの代理人にも情報をマネジメントすることを可能にする道を開いている。デジタル技術やネットワークが実社会を便利にしてくれるのは，実社会をネットワークやコンピューターの上に反映させるばかりでなく，実社会では実現できなかったことも実現可能になっている。しかし，人間の自発的行為が社会を動かしているように，官や民といった組織の枠組みを超えて人間が実現したいオブジェクトをスムーズに実現するためのシステムが望まれる時代がきている。

5 | シチズン・セントリックと公共圏

シチズン・セントリックにとって公共圏の考え方は重要な位置付けにある。公共圏という概念はもともと，制度空間（日本でいうと官）と私的領域の間を意味する。人間の生活の中で他人や社会と相互に関わり合いを持つ時間や空間のことを公共圏という。公共と付いているので官と思われるが，官と私的領域の間にあるのが公共圏である。

もともとは親密圏すなわち小家族の内部空間から始まり，文芸的公共圏の中身（サロン）が新聞になったなどの形で，進化していった。

残念ながら日本では，近代工業化社会は存在したが，近代市民社会は存在しなかったため国民の意識はあっても市民としての意識はない。

日本では，政府がパブリックセクターで企業もパブリック（公器）の一部と理解されているが，欧米では私的利益を追求するのでプライベート・セクターと呼ばれてその概念が大きく異なる。プライベートは市場原理や利益を追求するということで，インターネットは公共圏なのか私的領域なのかが議論されている。メディアも公共圏に属すると考えられている。この辺りは，ネットワークの普及によりハーバーマスやフランスの哲学者などが提唱した公共圏の概念が少しずつ現実のものとなってきている。Webやインターネットなどの理論的なバックグラウンドになりつつある。

要するに，公共という概念の見直し，官という概念の見直しがいわれている。最近では，市場原理万能のようにいわれている米国でも2001年以降，クリントン政権の経済政策の中心になった人々が，市場原理が成り立つのは経済主体の多様性の確保，供給される財の同質性，情報の完全性，参入・退出の自由などの完全競争の条件が満たされていなければならないと主張している。

ただ，日本の場合は残念ながら公共圏という概念が一般の人に浸透していないので，インターネットが何となく私的領域を出ないのは残念である。

これらの考え方がWeb2.0やWebサービスを進めていくうえで，非常に重要な概念になると考えられる。

6 | Web2.0とシチズン・セントリック

ティム・オライリーの“What's is Web2.0” という定義がある。これが今の Web2.0の基本概念を構成している。ただ，批判も随分ある。「Web2.0のデザインパターン」を満たしているのが Web2.0だが，一つでも満たしていれば Web2.0ではないかとかの議論もある。

よく Web1.0との違いについて言及されるが，その一つは，Web のネットワーク化や構造化の促進が行われることである。これが Web2.0で完結するかというと，そうでなく，Web3.0があるとしたら，その狙いは，セマンティック Web などの動きも含めて，ネットワーク化と構造化の促進であろう。また，Web サービスの基盤上の発展，ユーザー主導かどうかが非常に重要である。Web2.0の特徴は以下のことによく現れている。

7 | 価値創造の仕組みの変化

Web サービスをベースにした仕組みの中で価値創造としては Wikipedia の存在が大きい。Wiki という共有のソフトを利用して参加者が皆で記事を書く仕組みである。ブリタニカが6万項目であるのに対し，Wikipedia には数百万項目近くある。虚偽も書いてあるが，主な項目に虚偽を書くと直ちに訂正されるので，それなりの信用度がある。調査や論文を書くとき，これを参照することがある。ただ残念ながら日本語の Wikipedia は引用文献や資料の明示の件でまだ十分でない。

ここで重要なのは，今まで誰が書いたかわからない記事は信用できないということであったが，ある程度の量が集まってくると情報が正しい方向に自然淘汰されることである。実社会では良いこともあれば悪いこともある。悪の部分はあっても，セキュリティはある程度確保されていて，普通に生活していくのに支障はない。交通事故も多いかもしれないが，めったに起こらないということで生活している（ポワソン分布に従う）。

ところが，人々はデジタルシステムやインターネットに100%の安全性を求めるようなところがある。100%の安全性などありえないわけだが，それを補うために新しい仕組みが動くと考えられる。それがシチズン・セントリックという言葉に表れている。電子政府の基本は官の提供する仕組みでなく，シチズンが中心という形である。これが，Web2.0やWebサービスの基本を成しており当然自己責任も伴うことも理解しなくてはならない。シチズン・セントリックの考え方は，2006年以降クラウドコンピューティングやソーシャルメディアといった情報社会の基盤を構成しつつある概念の基本であると考える。

参考文献

大橋正和監修『次世代Webサービスとシチズン・セントリックの考え方』紀伊國屋書店，2005年。

経済産業省『デジタル市民生活プロジェクト，年金モデル，要素技術WG報告書』経済産業省，2010年。

中央大学総合政策学部編『次世代の認証システムの在り方に関する調査研究報告書』総務省，2007年。

Webサービスイニシアティブ編『分散協調ワーク分科会報告書　2006』Webサービスイニシアティブ，2007年。

"Enterprise Information Systems Design, Implementation and Management : Organizational Applications s" pp.504. edited by M. Manuela Cunha and Joao Varajao , Business Science Reference, IGI Global, 2010, Hershey ? New York.

Masakazu Ohashi, , Nat Sakimura and Mayumi Hori ,"On the Study of Trusted Information Exchange Services based on Authentication Policy Extension", Proceeding of e-Challenges 2010, IIMC, pp.1-8.

Ohashi, M. and M.Hori, Chapter 5,"Security Management Services Based on Authentication Roaming between Different Certificate Authorities", pp.72-84.

第6章

テレワークで労働はどう変わっているか

堀　眞由美

情報通信技術（ICT：Information Communication & Technology）という概念がこれほど身近に，普遍的に偏在する時代があっただろうか。中でもインターネットは瞬時に時空を超えて，人と人，人と組織，組織と組織，人とモノを結び付ける。現代の瞬時の結び付きに到達するまで，人間は長い間，時空と空間に制約されながら，どう結び付くか，その可能性と拡大を求めてきたといえよう。ネットワークという概念は，今に始まったことではない，古来人間は，時間的・空間的範囲は限定されてはいたが，ネットワーク社会を常に求め生きてきたといえる。ネットワーク社会は，人間が火を使い始めて他の霊長類の頂点に立ったときから拡大し続けてきた。最初は徐々に，やがて科学技術の進展に伴ってその歩調を速めてきた。そして，今またコンピュータという技術（道具）を使い始めて，時空を超えたさらなる頂点を目指し始めた。まさに，宇宙の頂点を目指して地球から飛び出したようなものである。バーチャルでどのようなものにも変形する特質と測り知れない可能性を持った「情報」という資源が，無尽蔵といえるほど貯蔵されている。

モダン社会（近代社会）を象徴する工業化社会，産業化社会の競争価値観は，量的志向であり同質性志向であったが，21世紀のポスト・モダン社会（脱工業化社会）は，量の多様性であり，差異化に重点が置かれる。情報通信技術は，まさにポスト・モダン社会の事業活動分野の競争価値観を有効化する最新技術として人間の歴史に浮上してきたのである。21世紀の多様な価値観のもとでは，技術，文化，消費生活，経済あるいは教育といった広い範囲の，多様な社会諸相の変動を視野に入れた仕組みの構築や意思決定，行動（サービス）が求められる。しかも，それらの仕組みや行動が社会に受け入れられることが大切である。情報通信技術の進展が，単に技術や経済の領域にとどまらず，今や社会のあらゆる諸相にインパクトを与えている。そしてそのインパクトが，私どもの身近な生活に「革命」といえるほどの変化をもたらすものであることを認識しなければならない。

共通に利用可能で有用な情報，すなわち「知識」を連携し，共有し，より有用な知識を創造していく社会，つまり，人や組織など個々の持つ多様な知識を結合し共有化して創造性がより発揮できる「知識社会」は，必要とする誰でもが，どこでも，いつでも知識や情報を利用できる社会である。

「テレワーク（telework）」は，知識社会を構成する新しい就業形態として注目されている。

1　プロローグ

（1）ケース1

Ａ子さんは，化粧品メーカーの人事部門に勤務している。Ａ子さんの勤める会社では数年前から在宅勤務（テレワーク）を導入している。Ａ子さんが在宅テレワークを始めたのは，もう少し育児に時間を割きたいと思ったからである。ちょうど子どもが幼稚園に入園したのをきっかけに，幼稚園の送り迎えをしたい，子どもと過ごす時間を増やしたい，という思いが強くなったという動機から在宅勤務を選択した。今まで毎日出勤していたときには，保育園への子どもの送迎時間が気になって仕事にもじっくり取り組めないときがあったが，家で落ち着いて仕事にも集中できるようになると，育児や家事などにいらいらしなくなり，穏やかな気持ちになる。そのためか子どもの顔や家族も何か明るくなったようだ。

(2) ケース2

B男さんは，情報サービス関連企業の営業部門に勤めている。在宅勤務（テレワーク）を始めるまでは，毎日，東京近県の自宅から東京のオフィスまで片道2時間往復4時間かけて通勤していた。B男さんの部署では数年前からテレワークを導入していたが，B男さん自身は営業という仕事の関係上，フェース・トゥー・フェースで仕事をすることに慣れてしまっていた。テレワークを始めたのは，小学生に入った子どもの長い夏休みには子どものクラブ活動に付き合ったりして，子どもと一緒に過ごすことが大切だということに気づいたからである。テレワークを始めてからは，通勤時間がなくなったので精神的にも肉体的にも楽になった。余裕ができたためか子どもと遊んだり，家事も手伝うことができるようになり，何よりも睡眠時間が十分取れるようになり，翌日の仕事に精一杯取り組めるようになった。

2 | 情報ネットワーク社会の働き方

情報通信技術の急速な進展は社会構造，経済構造の変化をもたらし，「情報」を基盤とする新たな社会，情報ネットワーク社会を出現させた。インターネットや携帯電話など情報端末が普及して，仕事の仕方もその影響を受けて大きく変化してきている。プロローグのA子さん，B男さんの二つのケースは，情報通信技術を利用して自宅でも仕事ができる事例を紹介したものであるが，二人の働き方は，20世紀には日本ではあまり見られなかった働き方（ワーク・スタイル）である。

働き方が変わってきた要因には，情報通信技術の進展普及以外にも，少子化・高齢化に伴う労働力人口の減少や，地球温暖化に見られる環境問題などで無駄なエネルギー消費の節約など社会的要因も挙げられる。また，企業を取り巻く環境もグローバル化による競争激化などで仕事の生産性を上げないと勝ち残れなくなってきていることもある。このようなさまざまな問題を解決していくためには，良質な人材を確保してみんなで知恵を働かせていく必要がある。そのためには女性の能力や高齢者の持つ豊富な体験やノウハウなども活用しなければならない。

また，情報ネットワーク社会では働く側の仕事に対する価値観も20世紀とは異なって，従来の「会社人間」といわれた仕事一辺倒から自分の生活も大事にしようという考え方に変わってきている。このように社会や企業の環境が大きく変わる中で注目されているのが，「いつでも」，「どこでも」インターネットに接続して仕事ができるテレワークである。情報通信技術の進展によって，人々の働き方（ワーク・スタイル）も，これまでのオフィスはもちろん，自宅や職場以外の場所などで「いつでも」，「どこでも」インターネットを活用して働くことが可能になってきている。まさにテレワーク時代の到来である。テレワークは，働く場所と時間に制約されない新しい働き方として注目されており，二つのケースはその実際例を述べたものである。A子さん，B男さんのケースでは「自宅」でのテレワーク（在宅型テレワーク）を主に紹介しているが，テレワークには，自宅近くなどに小さなオフィスを構えてテレワークを行うサテライト・オフィス型もある。

従来のように，会社が定めたオフィスに通勤して仕事をするというワーク・スタイルとは異なり，インターネットを活用して自宅や近隣のオフィスを仕事場とするテレワークは，育児に携わる女性，要介護者を抱える人，働く意志のある高齢者，身体がご不自由な人などに働く機会を創り出す可能性が大きい。

3　テレワークの発展普及

情報通信技術に基盤を置く「テレワーク（telework）」という言葉はさまざまに定義されているが，簡潔にいうと，「tele：テレ＝離れた，遠距離の場所」で「work：ワーク＝働く」こと，具体的にいえば，「情報通信技術を基盤とするインターネットを活用して通勤電車や車などで会社で定められたオフィスに通わなくともオフィス以外の場所で働くことができるワーク・スタイル」を指す。テレワークは，「どこでも仕事場」，「いつでも働ける」という場所や時間に制約されない柔軟な働き方といえる。

テレワークというワーク・スタイルが最初に登場したのは，1970年代のアメリカである。当時エネルギー危機の問題が浮かび上がり，車社会のアメリカでは，車通勤で消費されるガソリンの節約や深刻な交通混雑緩和，大気汚染対策のために，パソコンなど情報通信機器を使ってオフィスに行かなくとも仕事ができる仕組みとしてテレワークが提唱されるようになった。やがて1980年代のパソコンの急速な普及，ネットワーク利用者の増大，女性の社会進出が進み，さらにはシングル・マザーも増加し，仕事だけでなく家庭も大事にしたいというニーズの高まりとともにテレワークへの関心が増大した。さらに1990年代にはエネルギー危機や環境汚染対策，地震などの大規模災害対策の観点からテレワークがクローズアップされた。企業においても不況による厳しい経営環境への対策として人件費を主体とするコスト節減や生産性の向上が打ち出され，その解決方策としてテレワークを採用する企業が増加した。また，特に，2001年９月のニューヨークとワシントンでの同時多発テロを契機として，緊急災害事態発生時のリスク分散対策としてテレワークが有効な業務遂行手段であるという認識が高まり，連邦政府機関などへの導入が積極的に奨励されている。

以上のように，当初は，交通混雑の緩和や環境対策，企業においてはコスト節減，生産性向上としてテレワークはアメリカで導入・発展してきたが，今日では，公共政策的な面はもちろんであるが，企業においてもネットワークを活用したテレワークを実施することによって付加価値を生み出す創造的な仕事を行うという方向に変わってきている。

国土交通省の調査（http://www.mlit.go.jp/crd/daisei/telework/21telework_jittaichosa.pdf）によると，2009年の狭義テレワーカー率（普段収入を伴う仕事を行っている人の中で，仕事で情報通信技術を利用している人，かつ自分の所属部署のある場所以外で，情報通信技術を利用できる環境において仕事を行う時間が１週間当たり８時間以上である人）は全体で15.3％と，2008年調査（15.2％）と比べて同程度となっている（図6-1）。また，在宅型テレワーカー率も5.2％

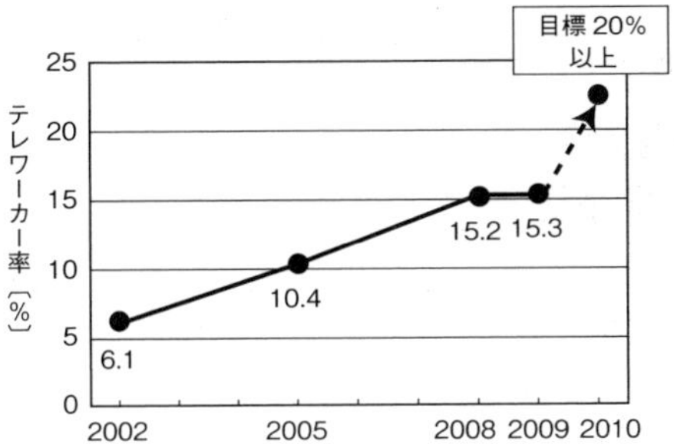

（出典）国土交通省「平成21年度テレワーク人口実態調査」(http://www.mlit.go.jp/crd/daisei/telework/)

図6-1：テレワーカー率の経年変化

と，2008年調査と同程度となっている。

テレワークの普及状況を見ると，企業におけるテレワークの導入率は2009年末で19.0%となっており，前年から3.3ポイント上昇している（図6-2）。テレワークはある程度普及しつつあるものの，日本ではまだ全体としては一般的にはなっていない働き方といえる。

政府は，「仕事と生活の調和（ワーク・ライフ・バランス）の推進を目指す官民トップ会議」(2010年）でワーク・ライフ・バランスに関する憲章と行動指針を改定し，情報通信技術を活用し自宅で働く「テレワーカー」を現状の330万人から2015年に700万人に増やすという目標が示された。また経済産業省（産業競争力部会）の『産業構造ビジョン2010』では以下のように言及している。

テレワークの普及が進展すれば，少子化・高齢化で労働力人口が現象していく日本では，子育て，介護を担う女性の労働参加率の向上が見込まれるだろう。また，柔軟な働き方を希望する者の働く機会が確保されるとともに，在宅勤務等の普及による生産性向上を通じて，競争力強化を図ることができる。関係４省（総務省，厚生労働省，経済産業省，国土交通省）および毎年開催される「テレワーク推進フォーラム」と連携してテレワークの普及啓発活動を行うとともに，商店街等が行う商業活性化の取り組みの一環として，商店

	0	20	40	60	80	100 (%)
平成19年末	10.8	3.5		84.5		1.3
平成20年末	15.7	5.2		77.2		1.9
平成21年末	19.0	4.0		76.2		0.8

■導入している　■導入していないが，具体的導入予定がある　□導入していないし，具体的導入予定もない　▨無回答

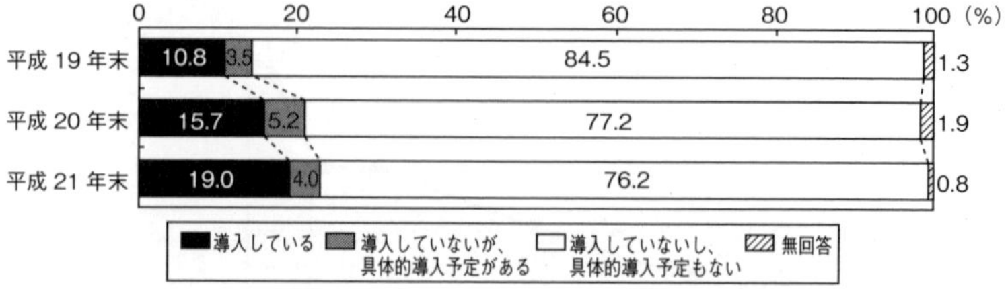

（出典）総務省「平成21年通信利用動向調査」（http：//www.soumu.go.jp/johotsusintokei/statistics/statistics05.html）

図6-2：テレワーク導入状況の推移

街の空き店舗を活用した地域におけるテレワーク拠点整備への支援の取り組み等を推進する（http：//www.meti.go.jp/committee/summary/0004660/vision2010h.pdf）。

　さらに総務省の掲げる「ICT維新ビジョン」（2009年）では，2050年を見据えた達成目標として「地域の絆の再生」，「暮らしを守る雇用の創出」，「世界をリードする環境負荷の軽減」の3点を挙げており，その中の「世界をリードする環境負荷の軽減」では，2020年時点で二酸化炭素の排出量25％削減という政府目標のうち，10％以上をICTパワーで実現することを目指していると言及し，この中の施策例に「テレワーク」が記載されている。

4 ｜テレワークのメリット

　テレワークのメリットは何であろうか。ここで，もう一度〈プロローグ〉に戻ってみよう。A子さんの場合，テレワークを始めた動機は，子どもと一緒に過ごす時間を多く持ちたい，ということだった。若い世代では共稼ぎ家庭が一般化しており，子どもや家族と過ごす時間がなかなか取れないのが悩みである。在宅テレワークは，家族と過ごす時間が確保でき，仕事と個人の生活のバランスが上手にとれ，質の高い生活が送れるというメリットがある。特に女性の場合，育児，介護などで仕事に十分に専念できないという問題を抱えることが多い。A子さんにとってテレワークは，家族とのコミュ

ニケーションの機会が増え，明るい家庭作りができたメリットは大きい。在宅テレワークは働く意志や能力を持つ女性にとって極めて働きやすくなる仕組みといえる。

B男さんの場合も，夏休みに子どもと一緒に遊ぶ時間を持ちたい，ということからテレワークを始めたわけだが，B男さん自身にとっても通勤疲労が軽減され，肉体的・精神的負担が少なくなってゆとりが出てきた。このような生活スタイルが確保できれば，地域コミュニティ活動やボランティア活動へ参加する機会もこれから増えるに違いない。

A子さん，B男さんのケースは，テレワーカーの立場からメリットを見たものだが，テレワークを採用する企業や組織においても，時間を有効に活用することにより仕事の生産性や効率性の向上が実現できる，優秀な人材を確保できる，営業効率や顧客サービスの向上，オフィス・コスト，社員の交通費などさまざまなコスト削減，さらには企業イメージのアップなどのメリットがある。

5　分散協調テレワークによる知識創造

情報通信技術の発展により，人，モノ，情報の流れに国境がなくなっているグローバル化，経済のサービス化がますます進展する中で，知恵や創造力を持つ知的資源ともいわれる人材の育成，活用が重要になってきている。そのためには定常的な仕事をきちんと行うということも大切だが，創造性を発揮してより有用なモノやサービスを開発したり，生産性をより向上させていく工夫ができる能力を持った人材を養成していくことが求められる。

知識社会といわれるネットワーク社会では，高い能力を創造的課題解決に向けて活用する有効な方法として個人の能力を共有し連携していく仕組み作りが一層求められている。それを可能にできるのが，分散協調テレワークである。従来型のテレワークは定型な業務処理を専らとしていたが，日本が経済・産業の面でリーダーとしての地位を持続し，国民や地域住民の豊かな生活を実現していくためには，人材資源の有効活用が期待される。ここでの人材とは，単なる優れた労働力という意味ではなく，知識創造，すなわち知恵を働かせて新たな価値（製品やサービスあるいは仕組み，機能，組織文化）を創り出すナレッジワーカーを指す。新たな価値を生み出す知識創造は，一人のナレッジワーカーでは難しい。ネットワーク社会では情報通信技術を使って，ナレッジワーカーとしてのテレワーカーが連携して，高度な知識やノウハウを共有し，コラボレーション（協調ワーク）して新たな価値を生み出していくことが重要である。

また，インターネット社会の強みは，プロフェッショナルが持っている経験，ノウハウ，コツといったもの（これらは文字など目に見える形にしにくい）をコンピュータ化（データベース化）することによって，誰でも容易に学習することができることにある。いわば，未熟練者に知識，技術や技能を短時間で伝承し，早期に戦力化することが可能になる。まさに専門家と非専門家の壁を取り除き知の世界に大きな変化を起こしつつあるのがインターネット社会なのである。テレワークの連携は，ナレッジ社会を促進するドライビング・フォースとなる。

6 テレワークによるパンデミック対策

新型インフルエンザや鳥インフルエンザ等の発生により，国民生活や企業活動に影響を及ぼすおそれが懸念されている。新型インフルエンザのようなパンデミック（ある伝染病が世界的に流行をすること）の場合には，直接影響があるのが人的資源である。人的損失が長期にわたるとさまざまな設備の稼動に影響を及ぼし，最終的には事業活動に深刻な影響を及ぼすことになる。そこで人的損失を念頭に広範囲における被害想定が必要となる。パンデミックを想定した予防や感染拡大防止の対策，パンデミックを想定した業務継続計画（BCP：Business Continuity Planning）の判断基準を設定し日ごろから備えておく必要がある。パンデミック時には，作業可能な「人」の確保が必須であり，感染のリスクがある「人の移動」と「人が集中すること」をいかに避けるかが課題となる。オフィスの個室化は，移動を伴うことに変わりはない。最善策は，移動を伴わずに人が集中せずに仕事ができる場所の確保である。それには在宅勤務のテレワークの導入が必須となる。

7 テレワークでワーク・ライフ・バランスを

家事，育児，介護などの負担の多くをいまだに担う日本の女性にとって，テレワークは仕事と生活の両立の解決を図り，雇用機会や就業拡大・継続の可能性を高める働き方である。男性にとっても通勤や交通混雑から来る肉体的，精神的疲労から解放され，心身ともに健全な状態を保って働くことができる。いわば，ゆとりある生活を実現する可能性が高い。このようなことから，テレワークを導入実施する企業も増えている。例えば，パナソニック株式会社は，全額出資子会社を含め，2007年4月より，国内最大規模となる3万人を対象に在宅勤務制度（週1，2日）を導入している。システム技術者，営業，企画，人事など，工場現場作業者や保安担当者，秘書などを除くほぼ全社員が利用できる。育児や介護などで通常勤務が難しい社員にも仕事を継続できる環境を提供し，少子化・高齢化に対応した人材確保策をとっている（http://www. nikkei.co.jp/news/sangyo/20070328AT1D2705 Z27032007.html）。パナソニック株式会社のように，近年，企業が業務の効率化や人材開発・活用という観点からテレワークの導入実施に踏み切ることが多いが，社員側，特に女性社員から出産，育児を両立させながら働きたいというニーズの高まりもその背景にある。日本の場合，欧米先進国と比べて女性能力の活用は遅れている。女性の高学歴化が進み，学んだ専門的能力を発揮できる創造的仕事に就きたいという女性が増えているにもかかわらず，コール・センターや現場で相変わらず定型的・作業的業務に従事しているのが実情である。

また，今日，非正規社員（派遣社員，契約社員，臨時，パート，アルバイトなど）として多様な働き方をしている人々が多くなっている。総務省の労働力調査（2006年）で見ると，雇用者全体の33%を非正規社員が占めている。中でも女性の非正規社員の割合は52%と，半数以上を占めている。男性は17.9%である。先進欧米諸国の多くでは，正規・非正規の働き方で就労条件にほとんど差別はないが，日本の場合，正規社員に比べて非正規社員の場合，労働時間や給与などの処遇面で不利な条件のもとで働くことが多い。女性の場合，正規社員でも出産，育児のために退社すると正規社員として復帰することが難しく，非正規社員か専業主婦になってしまうケースもよく見られる。

20～30歳代の高学歴で能力の高い女性労働力を良質な人材資源として活用しないのは，国や産業界，企業，あるいは地域社会にとって大きな損失である。性別にかかわらず，良質な人材確保や働く人々のモラールアップをし，生産性の向上を図っていくためには，ワーク・ライフ・バランス（仕事と生活の調和）の実現が大切である。これまでの働き方と違い，場所と時間に制約されない柔軟な働き方であるテレワークを普及することによって，仕事と生活の質の向上が図れるという期待が強まっている。21世紀の多様な働き方が進展している社会に適合した働き方といえる。

ただし，テレワークを実質的なものとするには，政策・制度面やそれらの運用面でテレワーク環境をより整備する必要がある。現在官民で進められている仕事と生活の両立を促進するためのファミリー・フレンドリー政策，中でもその中核をなす育児休業制度の運用面での改善・充実が必要である。また，テレワークを採用する場合，スムーズにテレワークに移行できる人事管理のあり方や仕事の見直し，在宅ワークの場合のコミュニケーションのとり方，ストレス対策，セキュリティ対策など，テレワークを促進するためのさまざまな支援策の整備充実が必要である。

参考文献

大橋正和監修『次世代XMLWebサービスとシチズン・セントリックの考え方』紀伊國屋書店，2005年。
大橋正和・堀眞由美編著『ネットワーク社会経済論』紀伊國屋書店，2005年。
堀眞由美著『テレワーク社会と女性の就業』中央大学出版部，2003年。

第7章

サイバー法と契約行動

「約定を，読まずに『はい』と，クリック押（おし）」

平野　晋

1　はじめに—「クリックラップ契約」とは何か？

「産業経済」から「情報経済」へのシフトに伴い，取引の「場」も，「現実世界（real world）」から「サイバースペース（cyber space）[1]」へと広がり[2]，契約も電子的に締結される事例が増えてきた。例えばパソコン（PC）とつながったインターネットや，携帯電話端末（ケータイ）を通じたモバイル・インターネットを用いて，ウェブ画面や電子メールの文章を使って商取引をした経験のある読者は多いであろう。書籍のような古典的有体物の売買も，今ではウェブ上の受発注を通じて契約が締結された後に，代金が支払われて商品が引き渡されることも多い。ソフトウェアや音楽ファイルの使用許諾（ライセンス license）も，ウェブ上の契約に応じて代金決済と情報コンテンツのダウンロードが取引される。そのような「電子商取引」（EC：electronic commerce）は，今では日常茶飯事の話である。

しかし，ウェブ上の契約締結を促す文章の後に現れる，「ご利用規約[3]」とか「エンド・ユーザー・ライセンス契約[4]」などの約定（やくじょう）（terms and conditions）を，実際に読んだことのある読者はほとんど皆無ではあるまいか。すなわち，画面上や，リンクの先に掲載されている約定を実際に読むことなく，「同意しますか？」と問われた後に現れる「はい」と「いいえ」の二つのボタンのうち，前者を気軽にクリックしてしまう。この何気ないクリック押が，法律上は契約の「承諾(acceptance)」の意思表示を形成し，これにより原則として契約が成立して，以降，利用者はその読んだこともない約定に拘束(bind)される。このように，「クリック押(click on)」で成立する契約形態は，法律学の業界用語（「legalese(リーガリーズ)」という）上は「クリックラップ契約[5]」（その語源は次項参照）と称されている。

世界の商取引の中心（?!）を自負するアメリカでは，すでに電子商取引に伴うクリックラップ契約の有効性を争う裁判例も豊富である[6]。学説も，従来の「契約法(contracts)」からのアプローチを中心として，最近勃興し始めた「サイバー法(cyber law)」からの検討や，学際的な法律学研究である「法と経済学(law and economics)」からの分析のように，目覚しい発展を示しつつある。そこで本稿ではクリックラップ契約の有効性に関する諸論点のうち，学際的研究である「法と行動科学（認知心理学[7]）」も援用した分析の一端を紹介する。

2 ｜クリックラップ契約の語源

そもそも「クリックラップ契約」のような聞き慣れないリーガリーズの語源は，パッケージ・ソフトの外箱の回りの，透明なセロファン製の「縮んだ包み」（シュリンクラップ(shrink-wrap)）に由来する。家電量販店などから購入したパッケージ・ソフトを自宅に持ち帰ってから[8]，手持ちのPCの中にインストールする際には，まずシュリンクラップを破ることが必要である。次に，箱の中からフロッピー・ディスク（FD）の入った紙袋を取り出すと，その封が糊付けされていることに気づく。その封を破ってFDを取り出そうとすると，紙袋上にはいかにも読んでほしくなさそうな（?!）小さな文字で，この封を破ると箱に同封されている「ご利用規約」や「エンド・ユーザー・ライセンス契約」（以下，合わせて「約定」という）に同意したことになる旨が記載されている。多くの利用者はこの小さな文字を読まず，稀に読んだとしても同封の約定まではほとんど全員が読まないままに，封を破る。この破る行為が使用許諾契約への「承諾」の意思表示を構成し，したがって同封の約定に利用者が拘束されることになる。これが「シュリンクラップ・ライセンス契約」と呼ばれる契約形態である[9]。

以上の契約形態をEC上少し進化させ，ウェブ上の約定に同意する旨を「はい」というボタンへのクリック押によって意思表示させる契約形態が，シュリンクラップ・ライセンス契約に似ているためか，「クリックラップ契約」と呼称されるに至ったのである[10]。

3 「附合契約」の有効性

以上のクリックラップ契約や，その語源であるシュリンクラップ・ライセンス契約は，現実世界において以前から（そして今でも）多く行われている契約慣行である「附合契約[11]」の一種である。

附合契約とは，契約書を起案する当事者側(drafter)（通常は売主や使用許諾者(licensor)などの事業者）の「標準契約書式(standard forms of contracts)」に対し，利用者側（通常は消費者）は約定内容の変更を交渉する余地が与えられず，「同意するか，または契約しないか」（"take-it-or-leave it"）の選択肢しか付与されない契約形態をいう。別名「ボイラープレート(boilerplate)」とも呼ばれる[12]（詳細は拙著『体系アメリカ契約法―英文契約の理論と法務』§8-05-3〔2009年，中央大学出版部〕参照）。このような附合契約は，一見すると利用者側に不利なようであるけれども，原則としては有効である（例外的に無効な場合はある）と解されている。「取引費用(mkt t/a costs)」を引き下げて，大量かつ安価・画一的に商品・役務を提供するためには，「効率的(efficient)」な契約締結が「合理的(rational)」であることが，有効性の主な理由として特に「法と経済学」的な分析から支持されているのである[13]。

以上のように附合契約が有効である原則に従って，シュリンクラップ・ライセンス契約の有効性を支持する立場も顕著である[14]。さらにクリックラップ契約についても，特に利用者による支払い前に約定を示して承諾の意思をクリック押により明確に表示させる形式は，シュリンクラップ・ライセンス契約よりも利用者に有利であると捉えられるので[15]，原則としては有効性を支持し得よう。

ところで附合契約も有効である現実世界の原則が適用されるECにおいて，いったい何がさらに問題とされているのだろうか？　その答えは，「サイバー法」的分析の視座に見い出すことができる。

4 「サイバー法」

そもそも「サイバー法」または「サイバースペース法」とは，現実世界とサイバースペースとの相違点に着目し，後者における在るべき法を論じる学問領域である[16]。そこではまず，サイバースペースの特異性の抽出とその性格決定が重視され，その特異性と性格ゆえに生じる，現実世界における既存の法規範からの衡平性のずれや，公正さの欠如や，効率性の減退などを問題にする。

例えば，欲しくもない広告宣伝を電子メールで送り付ける「スパム（spam）」や「迷惑メール」の現象はかつて，法規制されていなかった。規制の是非を論じる際に従来型の論者の中には，現実世界におけるダイレクト・メール（DM）の送信行為が規制されていない点のアナロジーとして，スパムも規制すべきではないと主張する短絡的な立場も見受けられた。しかしサイバー法の見地からは，現実世界のDMとサイバースペースのスパムとの相違点をこそ重視する。例えば後者においてはADSLの悪用により送信費用があまりにも低廉化されたことが，大量・無差別な送信行為の「誘因（incentive）」になっていると分析する[17]。そのために，「法と経済学」的な分析において望ましくない現象であるとされている「外部費用（external costs）」などが生じていると分析したうえで，その「内部化（internalization）」を法規制で実施する必要性などを論じて，結果的には裁判例でも立法例でも規制を肯定させてきたのである。

サイバー法がサイバースペースにおける行動の特異性に着目する例としてはさらに，例えば著作権法の在り方に関する論争が参考になる。従来型の論者たちは，インターネットにおいて著作権侵害が酷くなる点ばかりを専ら重視し，著作権法の極大化を主張しがちである。劣化が少ない複製物の作成と，その転々譲渡の安価・容易な点を悪とみなし，「巨大なコピー機」(giant copying machine) というメタファーでインターネットを表しがちなのである。これに対し多くのサイバー法学者は異を唱えて，複製・譲渡の容易性を肯定的に評価し性格決定する。この属性こそが，インターネットの利便性に不可欠であり，人々の福祉向上の根源だからである。例えばウェブは，他人のウェブページを複製できるからこそ皆のPC上で見ることができるのである[18]。情報交換の「取引費用」が減少したことにより生じた「共有地(commons)」は，協力を通じて知的産物をより効率的に生み出して人々の福祉は向上する云々と説くのである[19]。加えて，デジタルなサイバースペースにおいては，code と附合契約の組み合わせにより，本来は（現実世界においては）利用者が著作権者の許諾なしに自由に使えるはずの情報の利用権も放棄させられて，結果的に「公有(public domain)」の範囲が現実世界における場合よりも狭められる問題を，代表的サイバー法学者は指摘している[20]。現実世界においてはバランスを保っていた，私有財産権（著作権）の範囲と利用者側が自由に使える「公有」権の範囲との均衡が，サイバースペースにおいては後者に不利な結果で崩れると指摘するのである。したがってこの代表的論者は，著作権法の極小化こそが望ましいと主張する。

以上のようにサイバー法は，現実世界との相違点の性格決定に着目し，サイバースペースの特性ゆえの異なる法の在り方を探る視座を重視する。この視座は，現実世界において原則として有効とされてきた「附合契約」が，サイバースペースにおいてはその特性ゆえに問題があるかもしれないと捉えて懐疑的に有効性を精査する。すなわち，クリックラップ契約などのいわば「サイバー附合契約」は，現実世界において紙で交わされる附合契約に比べて，何か問題があるかもしれないと疑うのである。

5　「法と行動科学（認知心理学）」などを援用した分析

サイバースペース上の人間行動が現実世界とは異なるかもしれない点を，

附合契約に対する利用者側の承諾行為（クリック押）に関して比較分析する代表論文としては，2002年に『NYU（ニューヨーク大学）ロー・レヴュー』誌に掲載された「電子時代における標準契約書式による契約締結[21]」が非常に参考になる。同論文は，筆者がコーネル・ロースクール留学中に教えを受けて，日本でも紹介されることの多いHillman教授[22]と，法務博士と認知心理学博士の両学位を有する同ロースクールのRachlinski教授による共著論文である[23]。

同論文曰く，現実世界において利用者（多くの場合は買主，被許諾者，消費者など）は，主に以下の理由により附合契約を読まない傾向にあるという。一つは「社会的圧力」（social forces）の存在である。例えば空港でレンタカーを借りるカウンターで，後ろに多くの利用者が列をなして並んでいる際に，署名する前に契約書をじっくり読むようなことは時間的・空間的な周囲の環境・プレッシャーから難しい。二つ目には，営業担当者との信頼関係を崩したくないという心理の存在である。商談の末に，いざ契約締結の段階に至って契約書をじっくり読む行為は，「対決的」（confrontational）で営業担当者を信頼していないように見えるので読み難い。

これに比べてサイバースペースにおける利用者は通常，自宅の部屋にあるPCでECを行うので，現実世界におけるような社会的圧力に遭遇しない。加えて営業担当者とface-to-faceな商談の末に契約を目の前で読むわけでもないので，じっくり吟味することも可能である。他の商品の売主がウェブ上で公開する約定と比較して熟考することも可能なのである。ここまでの分析によれば，サイバー附合契約の方が現実世界の場合よりも，理論的には利用者に有利な環境にあるようである。

しかし同論文は続けて，サイバースペースの好環境が必ずしも利用者の注意をより喚起させるわけでもない，と指摘する。まず画面上で文章を読むことは，紙の上の約款を読むよりも読み難い。しかし多くの利用者は約定をプリントアウトする手間もかけない。リーガリーズに満ちているために読んでも素人には理解できない約定を，他のサイトの約定と比較することも期待できない。インターネットの利用者の大勢は若い人たちなので，時間を節約するためにこそしばしばインターネットを利用する。若いから法的リスクに鈍感である。しかも彼らは気が短い。求める情報が画面に即座に出てくることに慣れているから，約定の検討や比較で生じる遅延に我慢できないのである。さらには現実世界におけるよりも，約定を読まずに「衝動買い(impulse purchasing)」に走りやすい。そもそも紙の契約書へ署名することにより感じていた法的に拘束されることの「重要性」を，「クリック押」だけでは感じ取れないおそれもある（以上のネット利用者の特徴を同論文は「“click-happy” e-consumers」と表現している）。約定内容を変更したくても売主などの事業者側が所詮は交渉に応じないから，読んでも無駄だと思っている点は，現実世界の附合契約の利用者と変わらない。加えてサイバースペースの事業者は，［現実世界以上に］約定を利用者に読まさないように仕組むおそれもある。例えば現実世界の取引では，利用者が宣伝を見てから取引に達するまでには時間差が存在するので「頭を冷す(to cool off)」機会がある。しかしECでは，宣伝を見てから即座に附合契約を締結するようにウェブサイトを事業者が構築することも可能なのである。

認知的に検討すれば，そもそも取引を成立させようとする段階にまで至ってから標準契約書式に遭遇することになる利用者は，「自己奉仕推論」(self-serving inference[24])や「動機付けられた推認」(motivated reasoning) といった認知心理学的な分析が示すように，取引を成立させたい結果を肯定する方向で約定と接することになる。したがって，約定が規定する，自己に不利な「偶発事象(contingency)」の危険については「過剰楽観性」(over-optimism[25]) ゆえに発生蓋然性を低く見積もりがちである。事業者の評判を評価する利用者自身の能力についても，すでに取引を成立させたい利用者は「自信過剰」(over-confident[26]) になりがちである。このような認知的な諸要素は，利用者に内在する問題なので，現実世界における取引でもECでも，変わらず両者で存在する。

以上のように社会的・行動科学（認知心理学）的な分析から同論文は，サイバースペースの利用者が約定に対して有利な環境を活用するとは必ずしもいえない，そもそも好環境を活用する気がないからである，と指摘する。もっとも私見では，以上の分析が実証研究によって支持されることになるか否かは，今後の研究発展を待たねばわからないと思料している[27]。しかし同論文がアメリカの法学研究において多く引用されている理由の一つは，サイバースペースにおける人間行動に着目したうえでサイバー附合契約の有効性を論じた点にこそ見い出されるのではないかと筆者は思っている。この点は，今後の日本における同様な問題解決への示唆となろう。

6 総務省「ユビキタスネット社会の制度問題検討会」報告書

筆者も構成員として参加して，サイバースペースにおける法制度の問題を議論した総務省の「ユビキタスネット社会の制度問題検討会」は，平成18年(2006年) 9月に「報告書―活力と創造性を生かし，『安心』を提供する枠組みづくりを目指して」を取りまとめた。検討会では，特にスパイウェア[28]の利用者PCへのダウンロードを利用者の認識しない間に同意させるようなサイバー附合契約の問題点が指摘され，筆者も学際的な「法と行動科学(認知心理学)」の見地からの検討が必要であると主張して，報告書に盛り込まれることとなった。以下，参考までに該当部分を引用掲載し，問題点の読者による理解に資することとしたい。

利用者の同意に関する問題

①現在，オンライン通販やコンテンツ利用時に限らず，個人情報の提供時を含むネット利用の各場面において利用者の同意が求められることが増加しており，ネット経由でさまざまなサービスを享受する前提として「利用者の同意」が不可欠の要素となりつつある。

②利用者の同意を得ること自体は電子商取引等の円滑な実施のために必要であり，同意する約款等の内容が利用者にとって不当に不利なものである場合等については個別法等ですでに対応されているところである。しかし，利用者の誤認を意図してスパイウェアをインストールさせるなど，利用者の認知能力や処理能力の限界に乗じて利用者の真意に沿わない行為をさせ，不当に情報や利益を得ようとするケースも出現している。

③また，さまざまなシステムの利用時において，利用者が常にシステム上表示される警告等のメッセージを個別に認識しているとは言い切れず，システム側の求める処理プロセスが人間の情報処理能力を上回っていく可能性を踏まえて，チェック機能をどのように設計するかが課題となる。

検討にあたっての視点

ネット利用者の情報処理能力の限界を踏まえ，利用者の処理能力や認知レベルといった側面も考慮して，適切な注意喚起を行っていくための検討が必要である。また，「利用者の同意」を得るプロセスの中で，利用者が主体的に選択できるシステム面での対応も検討する必要があり，標準処理システムを検討することも一案である。

（前掲「報告書」7－8頁〔強調付加〕）。

ネットワーク上の在るべき法を探る際には，既存の実定法解釈学の狭い枠組みに止まることなく，アメリカ法でいうところの「パブリック・ポリシー(public policy)[29]」を求めて，学際的に，人間の認知能力やシステマティックに犯す誤謬(ごびゅう)なども学ぶことが必要である，と筆者は思うのである。

7 ｜おわりに―「ブラウズラップ契約」の出現と有効性論議

サイバースペースにおける附合契約形態の発展は止まることを知らず，近年では「ブラウズラップ」という契約形態の有効性が裁判例にも現れるに至っている。それは，ウェブサイト上からリンクを貼った先に約定が記載されていて，利用者がリンクをクリックすれば容易に約定を読めるようになっている形態の契約で，「I agree.」などのボタンをクリック押(おし)しなくても，「利用(use)」することだけで「承諾」の意思表示であるとみなすように意図されている。この点が，クリック押を求めるクリックラップ契約と異なる。さらに承諾の意思表示のための作為なしでも利用できてしまえる点が，そのような意思表示なしには先に進めずに利用できない「シュリンクラップ・ライセンス契約」とも異なる[30]（詳細は，本文前掲拙著『体系アメリカ契約法』§3－09参照)。このようなブラウズラップ契約は，主に承諾の意思表示がこれまで以上に曖昧な点においてその有効性が問題になっているのである。今後の裁判例と学説の発展が待たれるところであるが[31]，その際には利用者行動の現実世界との異同も考慮に入れて検討することが重要であろう。

注

1）「cyberspace」とは，ネットワーク上のコミュニケーション世界の意である。拙稿「サイバー法と不法行為（サイバー・トーツ）—概観と主要論点」『総合政策研究（中央大学）』15号95頁，96頁＆後注 1（2007年 3 月）参照。

2）拙著『電子商取引とサイバー法』2 頁＆脚注 2（1999年，NTT 出版）参照。

3）「terms of use（TOU）」という。*See, e.g.*, Mark A. Lemley, *Terms of Use*, 91 MINN. L. REV. 459, 460（2006）.

4）「End-Users License Agreement（EULA）」という。*See, e.g.*, RICHARD WARNER ET AL., E-COMMERCE, THE INTERNET, AND THE LAW : CASES AND MATERIALS 8（2007）.

5）「click-wrap [license] agreement」という。なお，「click-on contract」とか，「click-through contract」ということもある。*See, e.g.*, *Specht v. Netscape Communications*, 306 F.3d 17, 21–22 & n.4 (2d Cir. 2002)； WARNER ET AL., *supra* note 4, at 8. もっともソフトウェア製作事業者側は，「クリック○○○契約」や，後掲「シュリンクラップ・ライセンス契約」のような呼称を嫌っており，両者ともに前掲「エンド・ユーザー・ライセンス契約」と呼ぶことを好む。WARNER ET AL., *supra* note 4, at 8.

6）例えば筆者が網羅的に日本に紹介したものとしては，拙稿「米国における『ラップ型契約』事例の紹介」後掲後注（31）参照。

7）「法と行動科学（認知心理学）」については，拙著『アメリカ不法行為法—主要概念と学際法理』348–408頁（2006年，中央大学出版部）参照。

8）本文で示すように，購入後に箱の中から約定が現れるので，シュリンクラップ・ライセンス契約は「支払いが今，約定は後」（"pay now, terms later"）な契約形態である。支払い後に商品箱の中から現れる約定の有効性の問題は，「箱の中の約定」（"the terms in the box"または"the terms of the inside-the-box license"）とも呼ばれる。

9）拙著『電子商取引とサイバー法』前掲後注(2)，113–115頁参照。

10）同前115頁参照。

11）「contracts of adhesion」という。

12）*See, e.g.*, BLACK'S LAW DICTIONARY 185（8th ed. 2004）.

13）*See, e.g.*, Robert A. Hillman & Jeffrey J. Rachlinski, *Standard-Form Contracting in the Electronic Age*, 77 N.Y.U. L. REV. 429, 437−38（2002）.

14）その代表判例（リーディング・ケース）としては，法と経済学者でもあるイースターブルック判事が担当した *ProCD v. Zeidenberg*, 86 F.3d 1447（7th Cir. 1996）（Easterbrook, J.）事件が有名である。その紹介と学説上の批判については，拙著『電子商取引とサイバー法』前掲後注(2)，115-128頁参照。

15）前掲後注(8)で示したように，シュリンクラップ・ライセンス契約の主な問題は「支払いが今，約定は後」という点にあった。

16）拙稿「サイバー法は可能か」*in*『IT2001—なにが問題か』（2000年9月，岩波書店）80-89頁参照。

17）本文中の当段落の記述については，拙稿「社会問題化した紛争の代替的解決手段—『政策法務』的アプローチの実践例」*in* 小島武司編『ADRの実際と理論Ⅱ』68頁，70-95頁（2005年，中央大学出版部）参照。

18）デヴィッド・J.ラウンディ著，拙訳「著作権」*in* サイバーロー研究会編『サイバースペース法』（2000年，日本評論社）参照。

19）Linux 開発のように既存の所有権概念に反してオープンソースまたはフリーなソフトウェア開発に関連して「クリエイティヴ・コモンズ」運動も紹介する最近の論文については，see, *e.g.*, Amy Kapczynski et al., *Addressing Global Health Inequities: An Open Licensing Approach for University Innovations*, 20 BERKELEY TECH. L. J. 1031, 1069−70（2005）.

20）Lawrence Lessig 教授の説である。邦文による紹介は，拙稿「サイバー法は可能か」前掲後注(16)，82-84頁参照。

21）Hillman & Rachlinski, *supra note* 13. なお，やはり引用されることの多い，筆者も正会員である「ABA」エイ・ビー・エイ（全米法曹協会）内の，「電子契約締結実務共同作業部会」（the Joint Working Group on Electronic Contracting Practices）による以下の論稿も，サイバースペースにおける行動の特異性を論じている点などにおいて参考になる。Christina L. Kunz et al., *Browse-Wrap Agreements: Validity of Implied Assent in Electronic Form Agreements*, 59 BUS. LAW. 279, 288−90（2003）.

22）ロバート・A.ヒルマン著，笠井修訳『現代アメリカ契約法』（2000年，弘文堂）および樋口範雄著『アメリカ契約法（第二版）』（2008年，弘文堂）参照。

23）もっとも彼らはサイバー法学者ではなく，契約法学者（Hillman）と，「法と認知心理学」者（Rachlinski）である。

24）「人は自らが見たいと望むものを見る」という「自己奉仕推論」については，拙著『アメリカ不法行為法』前掲後注(7)，405頁参照。

25）「過剰楽観性」についても，同前，375頁脚注97参照。

26）「自信過剰」についても，同前同頁参照。

27) なお前掲後注(13)論文の後に Hillman が発表した以下の論文に於いては，実証研究データが示されている。Robert A. Hillman, *Online Consumer Standard-Form Contracting Practices—A Survey and Discussion of Legal Implications*, *in* CONSUMER PROTECTION IN THE AGE OF THE "INFORMATION ECONOMY" 282 (Jane K. Winn ed. 2006, Ashgate Press).

28) 紙面の限界ゆえにスパイウェアとサイバー附合契約の問題などにまでは本稿では言及できないけれども，例えば以下の論文が参考になろう。Wayne R. Barnes, *Rethinking Spyware : Questioning the Property of Contractual Consent to Online Surveillance*, 39 U.C. DAVIS L. REV. 1545, 1597−1617 (2006).この問題に関し筆者が日本に紹介したリーディング・ケースは以下である。拙稿「インターネット法判例紹介第107回 *Specht v. Netscape Commc'ns.* —『ブラウズラップ契約』を無効であるとした第二巡回区の代表事例」『国際商事法務』35巻4号576頁（2007年4月）。

29) アメリカ法上の「パブリック・ポリシー」については，拙著『アメリカ不法行為法』前掲後注(7)，59頁脚注86および92頁参照。

30) 本文中の以上の記述については，see, *e.g.*, *Pollstar v. Gigmania Ltd.*, 170 F. Supp. 2d 974, 981 (E.D.Cal. 2000) ; Kunz et al., *supra note* 21, at 279.

31) 本稿が最初に『中央評論』No. 260（中央大学出版部，2007年7月）に掲載された後の判例発展などについては，see 拙稿「米国における『ラップ型契約』事例の紹介」*in* 総務省・情報通信政策研究所『海外情報通信判例研究会報告書（第1集）』103頁（堀部政男編，2010年1月。ラップ型裁判例を紹介するとともに，アメリカ法律協会が編纂・発布した『ソフトウエア契約の諸原則』—ALI, PRINCIPLES OF THE LAW OF SOFTWARE CONTRACTS (Tentative Draft No.1, Mar. 24, 2008) を紹介している。

第8章

デジタル時代のナショナリズム

安野智子

近年，ナショナリズムや民族主義をめぐる議論が喧(かまびす)しい。

2001年にアメリカで起きた同時多発テロをはじめとして，民族の対立はもはや局所的なものではなくなりつつある。ヨーロッパでは，移民排斥を唱える右翼政党が複数の国で支持を伸ばしているし，中国や韓国の反日感情や，北朝鮮の動向は，日本人にとって身近な脅威となっている。

日本国内に目を向けても，「日本人は右傾化[1]しつつあるのではないか」という声をよく耳にする。安倍首相は「美しい国」を内閣のスローガンとし，その著書『美しい国へ』（文藝春秋）は2006年のベストセラーの一つとなった。教育基本法改正では，抑えられた表現ながら「愛国心」に関する内容が盛り込まれ，かつては不可侵のように思われていた第9条も視野に入れた憲法改正論議が高まりを見せている。

近年の日本の「保守化・右傾化」を特徴づけるものとして，若年層の保守化と，ある種のカジュアル化を指摘する声がある。例えば香山（2002）は，サッカーの試合で君が代を斉唱し，国旗を顔にペインティングする「日本大好き」な若者の存在に言及し，「ぷちナショナリズム」と名付けている。その無邪気さはナショナリズムと呼ぶにはあまりに気負いも屈託もなく，それゆえに極端な主張に簡単に取り込まれやすいというのである。

若年層の保守化を，インターネット上の言論に見る向きもある。例として，ブログやネット掲示板上で，「右翼的な」言論を述べる「ネット右翼」の存在がある。匿名掲示板の「2ちゃんねる」でこのような人々が目立つ理由として，北田（2005）は，既存のマスメディアへの反発や嘲笑があると指摘した。ただしその反発や嘲笑は，建前を重んじ「権力の番人」を気取る良識派マスメディアと，自分たちの実態や本音とのズレをネタにして，内輪で盛り上がるためのものであるという。つまり，既存のマスメディアの欺瞞を暴くことを目指すというよりも，マスメディアの言説に対する形式化した批判を共有することで，利用者同士のつながりを確認しあうことを目的としているというのである。北田によれば，ナショナリズムや反市民主義などは，掲示板利用者同士の「つながり」の可能性を高めるための仕掛けに過ぎない。最近，若者を中心としたネットユーザーのコミュニケーションの場が，匿名掲示板からSNS（ソーシャル・ネットワーキング・サイト，知り合いを通じて加入する形式の，ブログ型日記を主体としたコミュニケーションツール）へと広がったことは，人々がインターネット上のコミュニケーションに「つながり」を求めていることの傍証といえるかもしれない。

もっとも，インターネット上で「右翼的な」発言が繰り広げられることは日本に限ったことではなく，例えば2005年に中国で起きた反日デモでもインターネットが大きな役割を果たしたという。フィルタリングされた情報のみが伝えられるマスメディアと異なり，インターネット上では過激な発言もそのまま晒されることや，抑制がきかないこと，極端な意見ほど表明されやすい（強い意見を持たない人はそもそも意見を表明する動機が弱い）ことによる影響もあるだろう。

しかしインターネット社会における若者の「右傾化」が指摘される一方で，「日本人は愛国心が弱い」，「日本人は自国への誇りを失っている」という言説が広く行き渡っているのも事実である。「個人主義的傾向が強まるあまり，公共心を失ってしまった」という憂慮の声もある。「愛国心」を教育現場に取り入れようとする動きは，このような声を背景にしているともいえる。

それでは，実際のところ，日本人の愛国心は強いのだろうか，弱いのだろうか。あるいは，近年「右傾化」しているのだろうか。「デジタルメディアと人間行動」というテーマに直接関係するものでなくて恐縮だが，本稿では，まずナショナリズムと愛国心の概念について簡単に整理したうえで，世論調査のデータを基に，現代の日本人の愛国心とナショナリズムについて考えていきたい。

1 ナショナリズムと愛国心

ナショナリズム（nationalism）という概念の確立は国民国家（nation state）の成立と不可分であると一般に考えられている（例としてGellner，1983）。「国民による統治」という目標により，「国民」としての集合的アイデンティティが生み出され，階級を超えた「単一の国民共同体」が創造されることとなった（Kimlicca，2002　日本語訳382頁）。ナショナリズムの本質は，かつては階級や土着の文化によって分断されていた人々を，言語やシンボルを用いて「可能な限り標準化し，同質化すること」（川出，2003）にあるだろう。

Anderson（1983）によれば，現実には多様な人々に対して同一のアイデンティティを付与するという点において，「国民」とは，メディアや教育などを通して作り上げられたフィクションであるという。

一方で，近代国家の成立以前から，共同体との結びつきに関するナショナリズム的な理念は存在していたという議論もある（例としてSmith，1986）。近年の「ナショナリズム」にも，必ずしも国家に基づくものばかりではなく，宗教や民族に基づくものが含まれることもある。日本語で「愛国心」といった場合にも，「ナショナリズム」と同時に，（国家とは別に）郷土に対する素朴な愛着心という含意を持つことがある。愛国心に関する多くの研究では，自国の優位性を強調するナショナリズム（nationalism）と自国の国土や文化への情緒的な愛着を強調するパトリオティズム（patriotism）は区別されているが（e.g., Doob, 1964；Huddy & Khatib, 2007），この両者が混同されることも多い。「愛国心」という概念は単純なものではなく，社会調査で愛国心に関連する項目を因子分析などによってパターン分けしてみると，複数の次元に分かれることがある。例えば日本人の愛国心に関する研究では，ナショナリズムとパトリオティズムに加え，国際主義（internationalism：他国との協同を志向）と，伝統主義（日本文化や国歌・国旗への共感など）の因子が見出されている（Karasawa，2002）。このように一口に愛国心といってもその構造は一次元的なものではない。

2 ｜日本人の愛国心 — その内容

次に日本人の愛国心について世論調査から見てみよう。世界の他の国々と比較すると，日本人の愛国心が相対的に低いという指摘は確かにある。例えば，イングルハートらの世界価値観調査（cf., Inglehart, Basanez & Moreno, 1998）では，日本人が国に対して抱く誇り（日本人であることを誇りに思うか）は，他の調査対象国と比較すると相対的に低い（注：World Value Survey データについては，http://www.worldvaluessurvey.org/を参照のこと）。

一方で，興味深いことに，文化，科学技術，経済，スポーツなどの領域ごとに尋ねた場合，日本人が日本という国に対して抱く誇りは，他国と比べて低い水準ではなく，むしろ科学技術や経済については相対的に高い水準にあるという報告もある（Evans & Kelley，2002）。内閣府による「社会意識に関する世論調査」（図８－１）を見ても，伝統や文化，自然に対して日本人が比較的高い誇りを持っていることがわかる。本稿では紙面の都合上2007年１月に行われた最新の調査結果のみを紹介するが，歴史や伝統，文化，自然，国民の勤勉さなどに対する「誇り」は30年以上にわたって言及率が高い。一方,「治安の良さ」を挙げる人は低下傾向にあり,「経済的繁栄」の言及率は日本の経済状況と連動していることも興味深い。なお,「当てはまるものはない」（「わからない」含む），という回答は減少傾向にあり，2007年の調査でわずか6.2%であった[2)]。もちろん，愛国心が強いか弱いかという判断は簡単ではなく，この数字の解釈にはさまざまな留保が必要だが，国土や文化への情緒的な愛着としてのパトリオティズムという意味では，日本人の愛国心はそれほど弱いともいえない可能性がある。

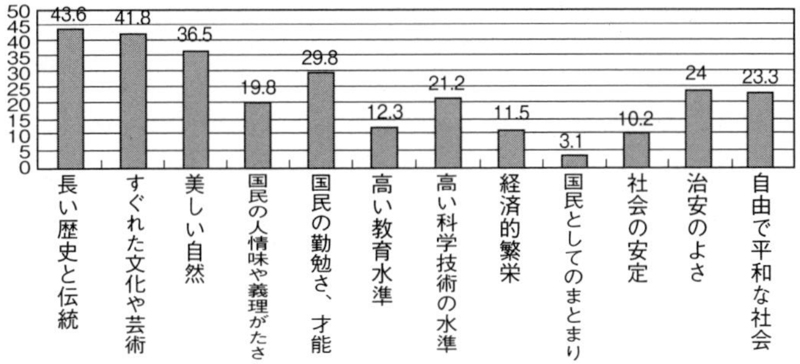

（出典）内閣府「社会意識に関する世論調査」2007年１月実施より作成。N＝5,585，回収率55.9％。

図8-1：日本について誇りに思うこと（多重回答可）

3　日本人の愛国心は変化しているのか

内閣府の「社会意識に関する世論調査」（http://www8.cao.go.jp/survey/index-sha.html）では，愛国心を育てることに対する考え方と，回答者自身の愛国心の強さについて尋ねている。約35年にわたるこの調査の結果から，日本人の愛国心の推移について見てみよう。

まず，「あなたは，今後，国民の間に『国を愛する』という気持ち（1990年以前は『愛国心』）をもっと育てる必要があると思いますか，それとも，そうは思いませんか」という質問に対する回答分布の推移を示したものが，図8－2である。

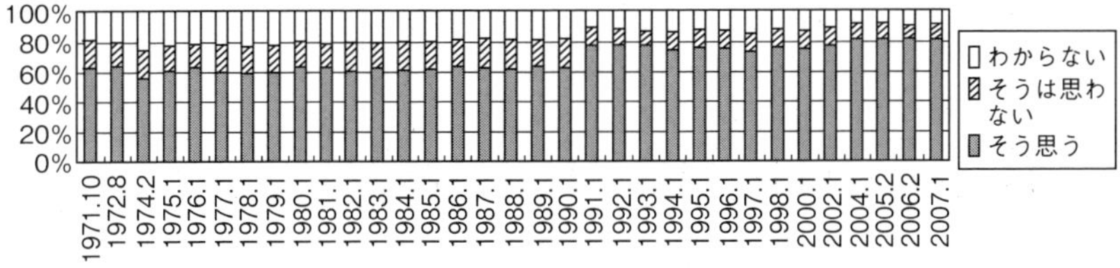

（出典）内閣府「社会意識に関する世論調査」1971-2007年。

図8-2：「国を愛する気持ちをもっと育てるべきだと思うか」

この図で，まず気がつくのは，「国を愛する気持ちをもっと育てるべきだと思う」という回答が総じて多数派であること，また，1991年以降に「そう思う」という回答が増えていることであろう。1991年を境に変化しているのは，1990年以前は「愛国心をもっと育てる必要があると思うか」という質問であったものが，1991年以降「国を愛する気持ち」という間接的な表現に変えられていることによるものと考えられる（すなわち，日本という国は愛するものの，「愛国心」という表現には抵抗を持つ人がある程度存在するということであろう）。

次に，「『国を愛する』という気持ちについて伺いますが，あなたは，他の人と比べて，『国を愛する』という気持ちは強いほうだと思いますか，それとも弱いほうだと思いますか」という質問に対する回答の分布を示したものが図 8－3 である。

この図を見ると，「（自分は）他の人に比べて国を愛する気持ちが強い」と答えている人が相対的に多いことがわかる。他の人と比べて「弱い」という回答は 1 割に過ぎない。この結果から推測されることは，まず，「日本人の愛国心が弱い」という一種のステレオタイプが人々の間に浸透しているのではないかということである。それが「愛国心を（自分が持っている程度には）もっと育てなくてはならない」という意見につながっている可能性もある。あるいは，「国を愛する」という「望ましい」特性を自分は他の人よりも強く持っているとみなす自己高揚バイアスが働いているという解釈もできる。

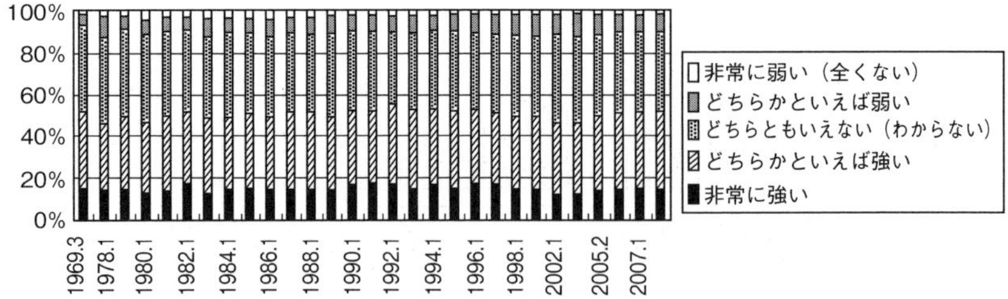

（出典）内閣府「社会意識に関する世論調査」1971-2007年：該当する質問がない年は除く。

図8-3：「国を愛する気持ち」は他の人と比べて強い方か，弱い方か

以上の世論調査結果は，日本人は郷土や文化への愛着という意味での愛国心（パトリオティズム）についてはとくに弱いとも言い切れないこと，また「国を愛する気持ち」に賛成する人も多いということを示している。それに対して，自分が国を愛する気持ちは他の人より強い（あるいは，他の人の愛国心は弱い）とみなす人が多く，「日本人は愛国心が弱い」という信念が広く行き渡っている可能性が示唆される。

興味深いのは愛国心の内容（誇りに思う点）には時代によって変化があるものの，少なくとも現時点までのところ「国を愛する心」に対する意見は大きな変化が見られていない[3]ということである。今後変化が生じる可能性もあり，また，若年層に限った場合には異なる結果が得られるかもしれないが，少なくとも世論調査に表れた国民の意識としては，近年特に「右傾化が進んだ」という明確な証拠は（この調査からは）得られなかった。また，「日本人は愛国心がないからもっと育てるべきだ」という言説の根拠も，この調査結果からは必ずしも支持されなかった。これらの言説が政治的にも用いられることからすると少々意外ではあるが，「愛着」としての愛国心はもともと日本人の多くが持っているものであり，だからこそそれがネット上やスタジアムでの「つながり」を演出しうるのかもしれない。

ただし，これらの結果は，あくまでも今回取り上げた調査についてのことであることには注意しなくてはならないだろう。労働力や物資，金融，そして情報の流れにおける国境の垣根がかつてないほど低くなった現代社会においては，異文化間交流も深まる一方，国家・民族・宗教などのコンフリクトも増大し，攻撃的なナショナリズムに容易に転換しうる可能性を秘めている（それは日本や近隣諸国に限ったことではない）。そして，インターネットがナショナリズムの過激化を促進するツールとなりうることもあるだろう。本稿で紹介したデータが示唆することは，日本人の「愛国心」の現状に関する是非ではなく，「右傾化している」あるいは「愛国心がない」といった言説そのものが，事実を離れてプロパガンダ利用されるおそれも否定できないということである。どの国民・民族であっても，自国や自民族に愛着を感じるのは当然のことであり，そこには理性を超えた感情的な反応も生じやすいが，過剰な反応をすることも，軽視しすぎることも，国際問題に直結してしまう。だからこそ，自国，あるいは他国に蔓延する一方向的な言説には，「誰が，どのような目的で，誰に向けて発言しているのか」，「発言者はどのような環境にあり，どのような情報を持っているのか」ということを慎重に考慮していくべきであろう。私たちは，よほどトレーニングを積まない限り，自分の「常識」でしか他者を判断できない。ナショナリズム的言説に限らず，相手の背景がわからないインターネット上のコミュニケーションにおいては，この事実を改めて認識する必要があるだろう。

＊本章は『中央評論』№260（中央大学出版部，2007年７月）に掲載された「デジタル時代のナショナリズム」に加筆したものです。

注

1）ただし，特に日本においては「保守」，「革新」の政策対立軸は必ずしも明確ではなく，時代によっても変化している（蒲島・竹中，1996）。また，日本の「保守主義」は，例えばアメリカの新保守主義のような「小さな政府」志向よりも，伝統主義や現状維持志向に関連していると考えられる（安野・池田，2002）。そのため，本稿では「右傾化」を政治学的な意味ではなく，一般的な意味で用いることとする。

2）なお，「日本について誇りに思うこと」として挙げられた選択肢のうち，当てはまるものがない（誇りに思うことは選択肢の中にはない，あるいは「わからない」）という回答は，1971年にこの質問が加えられてから減少傾向にある。1970年代はおおむね10%台で推移し，1980年半ば以降は10%を切っているが，これは調査項目の選択肢が変わっていることに起因する可能性もあるので，ここから「日本人の愛国心が高まっている」というような直接的な解釈をするには注意が必要である。なお，1971年10月の調査のみ39.2%とかなりの割合の回答者が「誇りに思うこと」を挙げていないが，これはこの調査の前に，数項目にわたって「ヨーロッパ諸国と比較して日本の現状はどうか」という質問が続いたことによる可能性が高いだろう。

3）ここでは紙面の都合上割愛したが，「国や社会のことにもっと目を向けるべきだと思うか，それとも個人の生活を充実させるべきか」という質問では，過去約30年間で「国や社会のことにもっと目を向けるべきだ」という回答が増加傾向にある。「衣食足りて」ということかもしれないが，この意識が今後，愛国心やナショナリズムに影響を与える可能性については検討する価値があるだろう。一方，「社会意識に関する世論調査」の回収率そのものは（他の世論調査と同様）大幅に落ち込んでいることは皮肉な事実である。

参考文献

【和　文】

蒲島郁夫・竹中佳彦『現代日本人のイデオロギー』東京大学出版会，1996年。

香山リカ『ぷちナショナリズム症候群：若者たちのニッポン主義』中央公論新社（中公新書ラクレ），2002年。

川出良枝「市民社会と国民国家」，久米郁男・川出良枝・古城佳子・田中愛治・馬渕勝編著『政治学』第六章所収，有斐閣，2003年。

北田暁大『嗤う日本の「ナショナリズム」』日本放送出版協会（NHK ブックス），2005年。

安野智子・池田謙一「JGSS−2000にみる有権者の政治意識」，『JGSS 研究論文集【1】』大阪商業大学・東京大学社会科学研究所，2002年，81−105頁。

【英　文】

Anderson, B. 1983 *Imagined Communities : Reflections on the Origin and Spread of Nationalism.* Verso Books ; 2 nd ed, 1991.（白石さや・白石隆訳『増補　想像の共同体：ナショナリズムの起源と流行』NTT 出版，1997年。）

Doob, L. 1964 *Patriotism and nationalism : Their psychological foundations.* Yale University Press.

Evans, M. D. R. & Kelley, J. 2002 National pride in the developed world : Survey data from 24 nations. *International Journal of Public Opinion Research,* Vol.14, No.3, pp.303−338.

Gellner, E（1983）*Nations and Nationalism,* Basil Blackwell.

Huddy, L. & Khatib, N. 2007. “American patriotism, national identity, and political involvement. *American Journal of Political Science,* 51 : 63-77.

Inglehart, R., Basanez, M, & Moreno, A. 1998 *Human values and beliefs : A cross-cultural sourcebook.* The University of Michigan Press.

Karasawa, M. 2002. “Patriotism, nationalism, and inter-nationalism among Japanese citizens : An etic−emic approach.”*Political Psychology,* 23 : 645-66.

Kymlicka, W. 2002. *Contemporarypoliticalphilosophy : An introduction, 2nd ed.* Oxford University Press.（W. キムリッカ著，千葉眞・岡崎晴輝ほか訳『現代政治理論』日本経済評論社，2005年）

Smith, A. D. 1986, *The Ethnic Orgins of Nations,* Blackwell.（巣山靖司・高城和義　他訳『ネイションとエスニシティ—歴史社会学的考察』名古屋大学出版会，1999年。）

第9章

マスメディアの時代は，終焉を迎えつつあるのか？

松野良一

1 マスメディアの衰退とジャーナリズム機能への信頼

最近，新聞を購読しない学生が多くなった。自宅通学でない学生で新聞を購読している率は，すでに20%を切っているのではないだろうか。2008年度前期の授業「メディアリテラシー」(中央大学総合政策学部開講）で調査したときには，「毎日，紙の新聞を読む」と回答した学生は約163人中37人しかいなかった。このままの状態で推移すれば，いずれ現在の新聞産業モデルは壊滅的な状態になり，新聞を読むのは高齢者だけになってしまうかもしれない。

ジャーナリズムの保守本流的存在である新聞メディアの衰退だけでなく，最近は，テレビを含めてマスメディア全体が，多くの批判を浴びている。興味本位，やらせや演出過多，捏造，加害者や被害者への人権侵害，記者クラブの閉鎖性，マスコミ人の特権階級意識，スタッフの横領・脱税・裏金作り，各新聞紙面の同質性，権力迎合報道，モラルの低下など，数え上げればきりがない。

難しすぎる漢字一杯の新聞記事，専門家しかわからない解説と社説，政治家の介入による番組改変疑惑やスタッフの不祥事連発で信頼を失った

NHK，お笑いと興味本位のワイドショーだらけの民放。こういうマスメディアの現状に，大学生だけでなく一般の視聴者もうんざりしている現状があるのかもしれない。

これに対して，インターネットや携帯電話などのデジタルメディアの勢いは加速している。ニュースのアウトラインはWeb上にアップされている無料の記事を読めば大体わかるし，動画についてもYouTubeなどのサイトで見つけることができる。各テレビ局のサイトでは，動画ニュースを視聴することができる。それに何よりも，自分たちの気に入った仲間たちとミクシィやツイッターなどで，とりとめのない話をしているほうが楽しいのである。

しかし，それでも我々は，マスメディアをまだ信頼している部分がある。地震などの天変地異があれば，テレビのスイッチを入れる。社会問題があれば，学校，会社，図書館で新聞の解説欄や論説を読む。Webしか見ないという人も，何かあれば，テレビ局や新聞社のサイトを訪れ，そこにアップされているニュースや解説に目を通す人は多い。Yahooなどのポータルサイトしか見ないという人も，そのサイトに提供されている新聞社のニュースは必ず見ているはずだ。また，「現代は，市民メディア，市民ジャーナリズムの時代だ」といわれても，やはり，何かあったら，新聞社やテレビ局の報道に耳を傾け，目を向けるのである。こうしたマスメディアへの信頼性は，その広範な取材網やプロとして鍛え上げられた取材力のほか，不偏不党や公正中立などを掲げるジャーナリズム精神に裏打ちされている。

つまり，マスメディア全体への評価は落ちているかもしれないが，まだマスメディア内にあるジャーナリズム機能や制作機能については信頼し，期待している部分があるということだろう。

2　マスメディアが果たす重要な機能

米国の憲法学者，キャス・サスティーンは，こうしたマスメディアが果たしている重要な機能について，二つの重要な指摘を行っている。一つ目は，「マスメディアは，興味がある人にも興味がない人にも重要と思われる話題を提供する。民主主義では，人々は不快であっても，時に，自身の選択ではない見解や話題にも晒（さら）されるべきだ」ということ。二つ目は，「マスメディアは，市民が社会問題へ手をつけるための共通体験を提供している。その共通体験は，社会の接着剤の役割をしている」というものである。

我々は日常的には意識していないが，マスメディアはいくつかの重要性を保持している。その一つは，多種多様な話題の提供である。新聞は1面から社会面まで，20-30ページにわたり，国内外の社会問題，話題，解説を網羅的に取り上げている。テレビもまた，「世界の今」を30分や1時間というコンパクトな番組にまとめて，視聴者に提供している。この何気ない，毎日代わり映えしないルーチンが，実は民主主義構築のために貢献しているのである。しかし，そのルーチンが重要であると実感している人は少ない。

マスメディアの重要性は，もう一つある。それは，議題設定機能（agenda setting function）である。これは，提供するニュースに価値付けを行う点である。例えば，新聞の場合，それぞれの記事には，ニュースバリューを考慮した編集が行われる。1面なのか社会面なのか，5段抜きなのかベタ記事なのかを，新聞社が判断するのである。またテレビは，取り上げる順番で，そのニュースバリューを判断し編成している。こうしたマスメディアの機能は，「何が重要であるか」，「何が議題なのか」，「何が争点なのか」をわかりやすくコンパクトに教えてくれる。これが，マスメディアの重要な働きの一つである。

マスメディアへの信頼性，そして，マスメディアが提供する多種多様な話題，そしてわかりやすい議題設定は，我々が民主的な社会を構築するうえで，重要な機能を果たしている。特に，選挙における有権者の判断，市民運動，NPOやNGOの発足と活動，ボランティア活動，そして，何より社会問題を解決しようという「政策」決定に大きな影響を及ぼすのである。皆が集まって，一つの社会問題を考え議論しようという動機付けを与え，議論の材料，視点，方法なども提供する。

時には，マスメディアが独自に行った調査報道によって，時の内閣が倒れたり，あるいは国会の議論に発展し法律が制定されたりする。また場合によっては，司法当局による強制捜査に発展することもある。そうした意味では，マスメディアは実に大きな影響力を持ち，民主主義を根底から支えているといってもよいかもしれない。

3｜Webメディアによるマスメディア批判

しかし，最近，そのマスメディアが，大きな揺さぶりを受けている。マスメディア批判も，これまで以上に，ボディーブローのように効いてきているのではないかと思える。そうした状況を引き起こしているのは，インターネット上に誕生したさまざまなWebメディアである。Webメディアがなぜ既存のマスメディアへ大きな影響を与えているのだろうか。それには，二つの理由が考えられる。

一つ目は，マスメディアの問題を，人々がインターネットで取り上げ批判し始めたということ。そして，二つ目は，Webメディアによる個人空間構築，パーソナル化が進行していることである。

まず一つ目についてだが，2ちゃんねるに代表されるように，ネット上に芽生えた新しいメディアは，そもそも既存のマスメディアやマスメディアが提供した話題をもとに批判，批評を繰り返しているという現実がある。だから，インターネットユーザーの多くは，最近，急にマスメディア批判が多くなったという印象を受けるのである。そして，それらを読むと「マスメディアは腐敗している」という認識を持ちやすくなる。

2005年，約300人の学生を対象にマスメディアへのイメージ調査を行ったが，インターネット利用時間が長い学生ほど，「マスコミ＝腐敗」とするポイントが有意に高いという結果が出ている。この背景について，米国のガーブナーの培養理論を応用するならば，マスメディア批判が氾濫するインターネットという環境に滞在すればするほど，「マスコミ＝腐敗」というイメージが培養されたのではないかと解釈することができる。

ライブドアのサイトで誕生した「パブリック・ジャーナリスト（PJ）」が書いている記事も，朝日新聞をはじめとして既存のマスメディアに対し懐疑的なスタンスで書かれているものが目につく。批判や批評，コラムなどが主流で，その内容は，基本的には多くの問題を抱え機能不全に陥っている既存のマスメディアを批判したものが多い。しかし，一次情報に独自に接触して取材し報道しているものは少ないという印象を受ける。

自民党が2005年 8 月，総選挙の前に，ブログ上で積極的に発言しているブロガーと呼ばれる人々を集め懇談会を開いた。武部幹事長が直接 PR を行ったことは，新しいメディア戦略として注目を集めた。ブロガーたちは，さっそく自分の体験についてブログ上に書き込んだわけだが，日ごろは会えない政権党である自民党の幹事長と直接会話できたということが，結果的に好意的な文章につながっていったとされている。

しかし，これだけ批判が Web 上で氾濫している背景には，マスメディアが本来のジャーナリズム機能を果たしていないのではないか，という国民的な懐疑心が，大前提として存在しているのである。それは，マスメディアが，社会正義，反権力，市民の立場，弱者の視点という基本的なスタンスを忘れ，真実追求のための努力を怠っているからではないだろうか。幼稚なスクープ主義，幼稚な視聴率主義がまかり通り，デジタル化の波の中で，本来の責務を見失ってうろたえているように見える。

AP 通信社のトム・カーリー社長（2004年当時）が，「問題は，コンテイナーじゃない。コンテンツだ」と述べた通り，ジャーナリズムはコンテンツであり，精神活動であるという原点を忘れるべきではない。「コンテイナー」は，新聞，ラジオ，テレビ，雑誌というアナログ 4 媒体に加え，Web メディアが加わった。しかし，それらは「器」であって，それに入れる「コンテンツ」は，人間が作らなければいけないという指摘は，極めて重要である。最近のベンチャービジネスの経営者には，「コンテンツは IT が生み出す」というようなことをいっている人がいたが，それは大間違いで，「コンテンツは人間の精神活動からしか生み出すことはできない」のである。工場のようにボタンを押せば，自動的に完パケ（完全パッケージ）された番組が出てくるというものではない。

4　Webメディアをめぐるパーソナル化の問題

もう一つ，マスメディアを揺さぶっている問題に，パーソナル化がある。これは，大学で学生を見ていると日常的に痛感する問題である。

その不安の一つは，ミクシィなどのSNSの拡大である。講義で，「ミクシィに入っている人は？」と聞くと，80%近い学生が手を上げる。もちろん，メディア関係の講義であるため，そういう結果が出た可能性はある。しかし，筆者の予想では，大学生全体の50%以上はすでに入っているのではないだろうか。

筆者も実験のために入っているのだが，このミクシィというのは，良いところと悪いところがある。良いところは，おしゃべり感覚で書き込めて，誰でも気軽にコミュニケーションが取れるということである。ある意味，中学，高校生の夜の長電話のようなものである。とりとめもない悩みとか感想とか，話題とかが延々と展開されるのである。幼稚なコミュニケーションであるが，ストレス発散になるのは間違いない。いろいろなコミュニティもあり，中にはそこで知らない人と出会い，有意義な議論が展開されることもある。

しかし一方で，問題も多い。最大の問題は，クローズドなコミュニケーションである。つまり，閉じた世界のコミュニケーションである。気に入った友達（マイミク）で閉じた世界を作り，その中でとりとめのない会話を繰り返す。それを，朝までやってしまったという学生もけっこういる。外部に有意義に広がらなければ，非生産的ともいえる世界である。

こうした閉じた世界を作り出すのは，ミクシィだけではない。グーグルニュースでも同じである。自分が好きなもの，見たいものだけを，カスタマイズできるのだ。そうすると，PCのモニターには，スポーツニュースだけが並んだり，音楽関連やファッションのニュースだけが並んだりする。カスタマイズされた世界には，マスメディアが持つ議題設定機能が入り込む余地はない。こういう自分用にカスタマイズされたニュースサイトを，サスティーンは「デーリーミー」(Daily Me）と呼んでいる（「The Daily Mirror」という新聞は実際にある)。

現在，こうしたカスタマイズとパーソナル化の動きは加速し，人々は自分の好きなものと好きな仲間に取り込まれる快適な環境を作り上げ，その中に閉じこもるようになったといわれている。ベネディクト・アンダーソンが著書『想像の共同体』で指摘したように，メディアが作り上げた共通のイメージがナショナリズムに発展し，極めて過激な言動が発生してくる可能性もある。

実際に，Web 上の特定のコミュニティ内においては，意見が過激に走ったり，分極化したりするサイバー・カスケードと呼ばれる現象が報告されている。中国の若者の反日運動の盛り上がり，小泉劇場による自民党圧勝，さらには，北朝鮮バッシングなど，Web メディアが影響していると指摘された現象が増えてきている。

Web メディアは，それが資本主義と市場主義に巻き込まれている以上，カスタマイズとパーソナル化の進行を止めることは，もはや不可能である。では，我々に何ができるのだろうか。

一つは，マスメディアの重要な機能について，関係者は再度認識し，良質な報道に努めることにより，市民との信頼関係を再構築することであろう。そして，もう一つは，新しく登場した Web メディアについて研究を行い，コンテンツを乗せる器，コンテイナーとして利活用する方法を見つけ出すことであろう。新聞メディアにとっては急務である。

逆に，市民にとって重要なことは，これまでのマスメディアに対する批判的メディアリテラシーに代わって，マスメディア，Web メディア，市民メディアという三つが混合された新しいメディア空間におけるリテラシーを向上させることだと思う。

ラジオ，テレビ，新聞，雑誌という 4 媒体で代表されたマスメディア全盛の時代は終わるかもしれないが，健全なジャーナリズムは必要不可欠なもので，民主主義社会の根幹として機能するべきであると考える。メディアとジャーナリズムは異なること，そしてジャーナリズムは精神活動であることを再認識したい。

参考文献

歌川令三『新聞がなくなる日』草思社，2005年。

キャス・サスティーン著，石川幸憲訳『インターネットは民主主義の敵か』毎日新聞社，2003年。

世耕弘成『自民党改造プロジェクト650日』新潮社，2006年。

花田達朗『公共圏という名の社会空間―公共圏，メディア，市民社会』木鐸社，1996年。

ベネディクト・アンダーソン著，白石さや，白石隆訳『想像の共同体―ナショナリズムの起源と流行』NTT 出版，1997年。

松野良一「都内３大学300人の学生のアンケート調査から（１）ジャーナリズムは大丈夫か？」『新・調査情報』東京放送，53巻，20–23，2005年。

第10章

Social Media による新しいコミュニケーションの進展

大橋正和

1 はじめに

現代社会は，1990年代からの情報社会の急速な進展や，先進国において第3次産業が就業者の70%以上を占めるようになるなどの就業構造の大きな変化がその要因にある。1997年の東アジアの金融恐慌後，それらの国は急速な経済成長を遂げ，2008年度には一人当たりのGDPで日本はシンガポールに抜かれるという，1980年代の日本の姿からは想像もつかないようなことが実際に起こっている。経済の構造も，従来の貿易を中心とした構造からグローバリゼーションの進展が，EUや米国を中心としたFTAを結んだ自由な域内経済圏の時代に移行しており，その中心は直接投資であるといわれる。アジアの中では，特に経済成長が著しいシンガポール，香港，韓国，台湾の4ヵ国を四つのドラゴンと名付けて，その経済成長は世界の国から注目されている。この四つの国は，世界経済フォーラム（WEF）の世界ITレポート（The Global Information Technology Report）によるIT競争力の国際ランキングで日本が17位に対してシンガポール4位，香港12位，韓国11位，台湾13位でいずれの国も情報通信の分野での競争力は日本より上位である。これらの国は，同時に日本以上の少子化傾向を示しており，経済が発展すると人口が増えるといった産業革命以降の工業化社会の常識と反する新しい発展過程を経ていると考えられる。一方，EU 諸国の中で一人当たりの GDP が高い国の多くは小さな国が多く，これも20世紀の常識から反する傾向である。大国の中で一人当たりの GDP が高い国は，第15位の米国である。これらの国の多くが第 3 次産業を核としている国である。

経済構造がこのような変容を遂げている中で，もう一つの大きな変化が2006年以降本格化した Cloud と Crowd の急速な進展である。Social Media と呼ばれる Crowd をベースにしたメディアは，コミュニケーションのあり方そのものと人間の結び付きをベースとしたリアルタイムでの新たな仕組みを築きつつあり，その動向が注目されるところである。Social Media の多くが Cloud コンピューティングの仕組みのうえで動いており，この二つは互いに連携しながら新しい社会の状況を作り出してきたといえる。この章では Social Media の進展とその背景にある考え方に焦点を当て，その本質的な姿を明らかにしようとするものである。

2　モノから人間中心の時代へ

20世紀の工業化社会では，大量生産システムにより作られたモノを消費することが豊かさの象徴であった。いわゆる規格大量生産品が大量に生産されることにより製品コストが下がり，同時に右肩上がりで伸びていった収入とともに，モノを消費することが可能になり，モノが世の中に溢れた時代であった。

しかし，大量生産システムを実現した T 型フォードは，1927年に生産中止となった。そのきっかけを作ったのが，GM（ジェネラル・モータース）のハーリー・アールによる「自動車は見かけで売れる」というモデルチェンジの概念によるデザインと広告にクレジットを結び付けた新しい販売形態の開発であり，これによって単なるモノの大量生産としての自動車から「消費者の感情と動機と欲望に敏感な」欲望の対象としての自動車へと変容させたことが，消費の推進に大きな影響を与えた。さらに，階級意識と顕示欲を刺激し，平社員はシボレー，課長などの中間管理職はオールズモビルやポンティアック，部長はビィック，重役はキャデラックといった買い換えの階段を一段一段上ることで，さらなる豊かさを感じるようにした。日本でも，自動車であれば何でもよかった時代から，はじめはカローラ，中間管理職はコロナ，部長クラスはマークⅡ，重役はクラウンといった出世の度合いに応じた車種を選択するように，「いつかはクラウン」というようなコマーシャルも放映された。

ロラン・バルトは記号論の立場から，消費の形態として「モード」という概念を考えた。

消耗のリズムをuで表し，購買のリズムをaで表すと消耗のリズムと購買のリズムがバランスを保っているとき，すなわち消耗したら買い換えるといった状態u=aではモードは存在しないとし，u>a消耗のリズムが購買のリズムを上回っている状態を貧困状態と呼び，u<a購買のリズムが消耗のリズムを上回っているとき「モード」が存在すると考えた。まだ使える状態であるにもかかわらず着物や自動車を新しいモノに買い換える状態を指している。

これら消費社会を研究したボードリアールは，『物の体系』，『消費社会の神話と構造』で，消費は物＝モノ（object）を通じた言語活動（langage）であることを主張した。「コーヒー・ミル」を例に取ると，その本質要素は「豆をひくこと」で，デザインは非本質的要素である。しかし，実際には非本質的要素が「物の体系」を支配し，消費対象がモノの意味作用で機能からの解放が行われていることを示した。すなわち，ラング（langue）「本質的要素＝技術的要素」からパロール（parole）「非本質的要素＝社会的心理的要素」への重心移動をしたことを示し，さらに，消費は現代人の最も重要な行動で使用価値を消費する段階を超え，「自己を他者と区別する」（差異化する）記号としてモノの価値を消費する時代であることを示した。消費が，財とサービスとして差異化の記号として示された。

消費のシステムが豊かな社会を形成し，モノを消費することで豊かさを実感した時代であった。

しかし，21世紀になって人間中心の社会に変容すると，必ずしも人々がモノを消費することに熱心でなくなり，モードの理論が成立するとは限らなくなった。時代の何が変化したのだろうか。

1950年に社会学者のデビット・リースマンは，『孤独な群衆』を著した。この本は，専門書として100万部を超える売り上げを示した，古典とも呼べる社会学の名著である（竹内洋〔2008〕のわかりやすい解説がある）。

リースマンは，社会が持つ社会的性格を三つに分類し論じた。

第１の社会，農業社会は家族や氏族中心の伝統社会で，その中では慣習などの伝統に同調，恥をかかず無難に生きることを旨とする伝統指向型の社会であることを示した。

第２の社会は工業化社会で，ルネッサンス，宗教改革，産業革命を経て成立したこの社会では職業に献身することが望まれ，出世することを目指すことが重要だという，農業社会とは異なる新しい社会的適応様式を持ち，その性格形成にはウェーバーや「プロテスタント」の考え方が示したような時代を形成し，内部指向型の社会であると論じた。

第３の社会は脱工業化社会で，生産の時代から消費の時代へと変容し，第３次産業の増加が顕著となる。この時代は他人指向型の時代で，物との対峙から他人との対峙により生きてゆかなければならないため，物質的環境より人間環境が重要となり，他者（友人，同輩，マスメディアなど）を気にする時代である。

リースマンは，「他者からの信号に絶えず細心の注意を払う」，「人が自分をどう見ているか，をこんなにも気にした時代はなかった」と書いた。

工業化社会の内部指向型も評判を気にし，衣服，車，カーテン，銀行の信用などに気を遣ってはいたが，他人指向型の社会（脱工業化社会）では，外見的な細部ではなく他人の気持ちをこと細かく斟酌することが重要であると考え，この時代のキーワードは「不安」と書いた。農業社会のキーワードは「恥」。工業化社会のキーワードは「罪」であると論じた。

脱工業化社会では，工業化社会と異なり他人から目立つことを避けるが，競争を行うときには限界的差異化（marginal difference）競争を行う。

リースマンは，「内部指向型の人間の場合には生産の領域，そして2次的には消費の領域に驚くべき競争的エネルギーが放出されていたのであるが，現代社会にあっては，そのエネルギーは同輩集団からの承認を得ようとする不定型な安全確保のための競争に使われているように見える。しかし，その場合の競争というのは，承認を得るための競争である。そしてこの競争はその性質からして，あからさまに競争的であってはならない。このようなわけで私は「敵対的協力（antagonistic cooperation）」という言葉がこうした事態を説明するのに適切であると考える」と記述している。子どもたちの読書などメディアへの接触でも，伝統指向型での読書は大人の語り手から話を聞き，内部指向型の時代の読書は孤独であったが，他人指向型の場合はメディアを利用して共同体的で自分たちが一緒だという感じを持ち，仲間が周りにいるのだという意識がつきまとうと述べている。

「内部指向型の特徴は『野心』であり，罪の意識を感じるのは失敗したときであり成功したときではない，敵対的協力の場合は，目標は重要なものではなく，重要なのは『他人たち』との関係なのだ」，「自分が成功することに一種の罪の感情を抱くし，また他人の失敗について何らかの責任感をすら感じてしまう」，「仲間集団は，比較的独立した基準をそれ自身が持っており，それによって限界的特殊化を確保するのみならず，メディアに対する関係においてかなりの自由を持つことができる」。

漫画本について詳しく述べるとともに，仲間集団との同調性とそこからの独立についても，マスメディアの影響についても詳しく分析している。

リースマンは，それぞれの時代の人間をさらに三つのタイプに分類した。「適応型」，「アノミー（不適応型）」，「自律型」である。

「内部指向型」のアノミーは，「ヒステリーないし無法者」であり，「他人指向型」のアノミーは，「感情喪失と空虚な表情」であると論じた。その中で，社会規範に同調する能力を持ちながら同調するかしないかの選択の自由を持っている「自律型」の重要性を示した。特に，他人指向型社会の中での自律型の形成は，「仕事や遊びでの人格過剰化を控えることから始まる」と述べている。

さらに，他人の趣味・嗜好を絶えずかぎわける能力が重要で，「他人」の短期的な趣味に強い興味を示す。そして，あまり多くを消費しすぎて，他人の羨望の的になるということを避け，あまりに少ない消費で彼が他人を羨望のまなざしで見なければならないようなことも避ける。

リースマンが指摘したような脱工業化社会は，米国では1950年代後半から，欧州では1960年代後半からの大量消費社会から始まってはいるが，第3次産業が社会の主要部分を占めるという点では，現代に近い時代であるといえる。そして，この脱工業化社会は1980年代以降消費の構造が規格大量生産品の消費から個性的なモノの消費に移行した。さらに1990年代以降の情報化が本格化した時代に当てはまると考える。それに至る時代は，工業化と規格大量生産品の消費が併存した時代であり，大量生産により社会を構成していたと考えられ，情報社会の進展によりむしろ21世紀になって「他人指向型」が顕著になってきたと考える。

リースマンの『孤独な群衆』を翻訳した加藤秀俊は，「10年後の日本の経済社会」(1965) と題した文の中で，都市化や価値観の変貌－物質主義からの脱却に言及し，「増大する“こと”への支出」として旅行を例に挙げ，「数日間のある種の精神的・心理的な快感を味わうことができたというその“こと”に対して金(かね)を払う」というような経験や姿・形のない“こと”にお金を払うようになることを予測している。「物質的合理主義がある程度のところへいけば“もの”以外のある種の精神的価値，精神的満足を与えてくれるような価値に対して金(かね)を払う姿勢が出てくる」。

現代では，日本において若い世代の人々のノイローゼや鬱病などが増え，若い人々が外国などの外部へ積極的に出なくなり，自動車に興味を失っているのも「他人指向型」の現れであるといえる。現在では，若者，特に東京での免許取得者は，自動車に興味がなく50％台に落ち込みつつある。20年以上前の若者の余暇の過ごし方のトップは「彼女を誘ってドライブ」というのがトップであったが，現在ではドライブはベスト20に入っていない。現在の余暇の過ごし方のトップは「自宅でうだうだしている」ことであり，他人指向型の社会，特に人間関係中心の社会に疲れているのかもしれない。現代のクルマはワゴン車などの実用車が中心で，クルマそのものに魅力がなくなったことや，環境問題などマイナスなイメージが大きくなったことも原因の一つである。

ボードリアールは『消費社会の神話と構造』の中で，「現代の疲労には，原因がない。それは筋肉の疲労や体力の消耗とは無関係だし，肉体の酷使のせいで生じるわけでもない。もちろん精神的消耗や鬱状態や心理的原因による全身疲労などがいつも話題になっているのは確かで，この種の説明は今や大衆文化の一部となり，どの新聞でも（そしてどの会議でも）取り上げられている」，「消費社会の主役たちは疲れきっている」と書いている。皆，疲れているのかもしれない。特に日本社会の若者たちは，野心も目標もなく，限界的差異化競争にも人間関係にも疲れきっているのかもしれない。

第３次産業が中心になると，その産業の性格から人間関係が重要になり，ビジネスが成立するのが大勢の人が住む都市であり，都市への人口集中が起こる。

第１次産業：農業，漁業，林業，第２次産業：鉱業，建設業，製造業，に対して，第３次産業は，電気・ガス・水道，運輸・通信，流通，金融・保険，飲食，不動産，サービス業であり，人口が集中している都市，特に情報や交通の大きなハブを持つ大都市が向いていることがわかる。日本では都市とその周辺に人口の多くが集まっており，特に東京圏への一局集中が起こっている。東京圏の都市部には，実に3700万人近くの人口が集中している。

都市の大きさは，べき乗則に従うことが知られているが，行政区画ごとに比べても２位の横浜市，３位の大阪市などと比べて，べき乗則で比較するには東京は区部のみで十分であり，全都の人口はべき乗則を大きく外れて異常な値を示している。さらに東京圏を考えると特異点と言わざるをえない。

常に人と対峙して暮らす状況が日常化して仲間集団との同調性を気にする時代には，Social Media はまさにうってつけのツールであり，単なるネットワークではないのである。

3 | バーチャルからシミュラークルへ

ネットワーク上，特にインターネット上の世界を表すのにバーチャルという言葉がよく使われる。一方では，複製芸術に関する考え方があった。ベンヤミンは，アドルノらの文化産業論に先立ち『複製技術時代における芸術作品』を著し，石版から写真，映画に至る複製芸術の発達について考察している。芸術の本質は，「今」，「ここ」にしかない一回性であり，複製は芸術のアウラを消失させる。アウラの根底は，芸術の儀式性にあり，複製芸術は，美の基盤としての儀式的な一回性から切り離していくことを論じた。これにより美の準拠枠は，「礼拝的価値」から「展示的価値」へと重心を移す。この変化に文化的創造性を大衆の側に奪還する可能性を示し，はじめは，巨匠の複製から始めるが，やがて無数のアマチュアや普通の人々が，複製技術をコミュニケーション手段として用いて作品を創造する主体となる可能性を示唆した。これは，考え方によっては，デジタル技術により制作コストの低減と特別な設備に依存しない仕組みができた現在の Social Media の出現を予感させるものである。

さらに，20世紀後半の「ポストモダンの考え方」では，①芸術が特権的な立場に立つことの否定と，芸術と日常生活の境界の曖昧化，②強いメッセージ性の排除と鑑賞者による解釈や参加の余地を重視する創作態度，③オリジナリティへの疑いと模倣（パスティーシュ）や引用，貼りつけ技法（コラージュ），折衷的表現の容認，④反機能主義と，機能主義に抑圧されていた情緒性，遊び心，空想，ナンセンスの復権，などが訴えられた。

ポストモダニズムの論点として，①大きな物語の解体，すなわち社会を統合する基本理念の弱体化傾向の指摘（リオタール「ポストモダンの条件」），②既存の哲学・思想の脱構築，すなわち既存の哲学や思想が普遍的なものではありえないことを具体的に暴く作業（デリダ），③社会を統制する権力が規則に基づく統制から情報による管理へと変化したことの指摘とその分析（フーコー，ドゥルーズ），④情報環境の変化によるシミュラークル（模倣ないし複製されたもの）の製作の活発化と，それによる文化変容の分析（ボードリアール)，が議論された。

リオタールは，大きな物語すなわち共通の理念や倫理といったものが解体したことを主張した。「現代では諸科学を支える共通の倫理や理念（大きな物語）が不在になり諸科学が方向の定まらないままに研究を進めている」「共産主義に代表される政治的イデオロギーの弱体化や，市民生活における共通価値の喪失」すなわち，共通の理念や共通価値の喪失によりリースマンが主張したような「他人指向型」社会での「不安」を増長した。

ポストモダン的文化としては，次の 3 点が挙げられる。

①脱合理主義――人々は近代社会に特徴的な合理主義的価値観を嫌うようになり，非効率的，非合理的な行為に意味を見出すようになった。

②脱構造化――近代社会の文化的統合が弛緩し，人々を拘束していた価値観や規範が流動的になるとともに，人々を区分していた境界も曖昧になった。

③シミュラークルの優越化――創造性やオリジナリティを重視した近代の価値観に反して，膨大な量の模倣や複製化が行われるようになり，その文化的意義も増大した。

本来の「ポストモダン」とは，「大きな物語への不信」よりは「新しさへの信仰への不信」といった意味合いで，建築家のチャールズ・ジェンクスが「ポストモダンの建築言語」(1977) の中で「近代建築がその最終ユーザーとコミュニケートできなかった」，「プロフェッショナルな要素とポピュラーな要素，新しい技術と古いパターンの両方をベースにした建築」を「ポストモダン」と名付けたことから始まっている。

ボードリアールは，彼の論じた消費社会の進展を「シミュレーションの時代」と名付け，デザイン化された物は，シミュレーションのモデルとして我々の目の前に現れ，「デザインの操作」により，モノそれ自体が差異化し記号化される段階であるとして，三つの領域を示した。

①模造（contrefacon）ルネッサンス――産業革命。

②生産（production）産業革命以後の「アウラの消滅」をした大量生産品は常に複数制を伴うとともにどれがオリジナルかわからない，「オリジナル

の不在」を現出した。

③シミュレーション（simulation）。

ボードリアールは,「表象」（representation）と「シミュレーション」の根源的な差異として，表象は「再もしくは現前」という語意を含み，目の前の現実を別の場所で再現する現実を反映する記号であるとした。すなわち，現実が先に存在，その後現実に似せて表象を作成するということである。ところが，シミュレーションは現実の存在を前提としていないと考えた。

これは，オリジナルとコピーという二項対立を乗り越える考え方で，現実とイメージの関係を４段階に分類した。

①奥行きを持つ（３次元の）現実の反映としてのイメージ。

②奥行きを持つ現実を覆い隠し，変質させるイメージ（表象からシミュラークルへの移行）。

③奥行きを持つ現実の不在を隠すイメージ。

④どんな現実とも無関係な，純粋なシミュラークルとしてのイメージ。

第４段階のシミュレーションの時代のイメージは,「何かを覆い隠す記号」から「何もないことを覆い隠す記号への移行」として，ラテン語を語源とするシミュラークル（simulacre）と名付けた。シミュラークルは元々「異教の偶像」という意味で，存在しない不在の神々の「似姿」を表し,「現実」の模造から生産を経てシミュレーションへと至る複製技術の指数関数的な発展の果てに，自立した場面としての性格を失いシミュラークルに置き換えられてしまう時代の到来を予告した。

このような状況の中でボードリアールは,「理性」,「主体」などの原理が消費社会では現実性を失ってしまい，新しさが「進歩」であるという近代起源の強迫観念が信じられなくなった。現実そのものを思想（＝理想）によって変革し改善することで進歩がもたらされるとした歴史的「近代」を過去の遺物とし，ハイパー現実の可能性を示唆した。彼は,「モノやサービスや物的財の増加によってもたらされた（過剰な）消費と豊かさ」と「人類の生態系の根源的な変化」を地球規模での消費社会化の進行が飽和状態をもたらした原因と考えた。社会の新しい段階として４段階を考えた。①自然的段階

(前近代)，②商品的段階（近代)，③構造的段階（ポストモダン；近代後期の意味)，④価値のフラクタルな段階である。

二項対立の無効化により，肯定的なモノ，清潔なモノのみを受け入れるような社会では，人間は重大な危機に晒されるとした。清潔なモノのみを受け入れている社会では，免疫不全が自己免疫性の低下という危険を導き，肯定的なモノのみを受け入れているとウイルス的な悪（＝病）により致命的に犯されることを，「透きとおった悪」と名付けた。このような現実では，「差異」から「他者」へのシフトが起こり，差異自体のハイパーリアル化が，また記号的差異として普遍化されたソフトなシミュレーションが，反抗的な否定性を追放し，従順な肯定性だけを維持する管理社会であると，現代を表した。

4 ｜Cloud と Crowd ―2006年からの発展

雑誌「Times」は，年度末の最終号でその年に最も活躍した人物を「Person of the Year」として選出し表紙を飾るのが習わしである。2006年の Person of the Year は，「You」が選ばれた。広告の専門誌である Ad-Age は，同じく2006年度の「Agency of the Year」に「Consumer（消費者)」を選んだ。どちらも，個人がクチコミなどを通じて大きな働きをした年であったことを示している。また，この年はインターネットデータセンターにおいて，メガセンターと呼ばれる CPU 5 万台以上の大規模データセンターが登場し Cloud Computing が本格的にスタートした年でもある。

Cloud（雲）の上の Crowd（多数の人―市民）とも呼ぶべきインターネット上の新しい仕組みが登場した。Crowd ソーシングという Crowd にタグ付けなどの仕事をアウトソースする方法も多くの成功事例が報告されるようになり，Crowd という言葉は世間に知られるようになった。Social Media (Social Networking など）は，Cloud の登場により Cloud の機能をフルに利用して大きく発展・変容した。従来から，動画・写真投稿サイト，マイクロブログ，ソーシャルネットワーキングサイトなどさまざまなシステムが稼働しており，Social Media，Social Marketing，Social Technologyなどさまざまな呼び名が与えられていた。Social Mediaの代表の一つであるFacebookは，2010年７月にアクティブユーザーが５億人を超えグローバルなコミュニティーを形成し，米国大統領選でのインターネット利用や2009年と2010年のスーパーボールの広告戦略の変容を見ると社会の根幹にかかわるような大きな変容が見られる。何が変わりつつあるのか，変わったのかを考えてみたい。

すでに多くの人が，Social Mediaをコミュニケーションツールとして利用している。

Social Mediaの定義は，定まったとはいえないが「誰でも利用できるインターネットやWebなどの基盤技術を利用して人間の社会的つながりにより広がっていくメディアの総体」であるといえる。

一方，2008年10月に「Economist」がクラウド（Cloud）の特集をした。

2001-2006年の間に，サーバー数は２倍になりサーバー当たりの消費は４倍になり1180万台のサーバーがデータセンターにあるが，実際には，能力の15%しか利用されていない。しかし，データセンターは米国の電力の1.5%を消費している。

2000年には，0.6%，2005年には，１%を消費していた。現在のグリーン技術でこれらは50%カット可能であるといわれている。データセンターは，単位面積当たりオフィスの100倍のエネルギーを消費しデータセンターは世界のCO^2の２%を消費している。これは，飛行機が出すCO^2とほぼ同量である。企業内のデータセンターは，システム進歩に追いついていないこと，特にネットワーク化に問題があることを指摘している。米国では，情報システムへの投資の収益性が問題であり，米国の企業内データセンター約7000の中で使用されているサーバーは６%しかなく，30%はすでに使われていないことをクラウドが登場した背景として説明している。2008年の半ばまでにすでに約70%の人が何らかのクラウドを利用していて18歳から29歳までの世代では80%を超えることも示している。

Social Mediaの代表としてFacebookの歴史を振り返ってみると，

2004年▶Harvard 大学の Social Networking Site として設立，全米の一流大学が次々と参加した。

2006年 9 月▶一般の人々に Open（同年 Amazon Web Services がクラウドのサービス開始，メガデータセンターの時代）。

2007年 5 月▶プラットフォームを公開し外部の人が作成した Application を公開可能にした。また，Facebook Ads により友達の行動（購買など）をリアルタイムで伝える仕組みを公開した。2007年 2 月のユーザー数は1700万人。

2008年 5 月▶日本語版公開，秋，Web サイトが Facebook のプラットフォームに直接接続し ID・PW 等を共通化できる。Facebook Connect 公開，暮に本格稼働。

2009年に飛躍的にユーザー数が増大した。 4 月— 2 億人， 7 月— 2 億5000万人， 9 月— 3 億人，12月— 3 億5000万人。

2010年▶ 2 月初め— 4 億人， 7 月— 5 億人を超え，12月— 5 億8000万人。

2010年春には，下記のようなデータが公表されている。

- 月間訪問者（ユニークユーザー）数は 4 億人，70%は米国外
- 毎日ログインしているユーザー数は 2 億人
- モバイルでのユーザー数は 1 億人，25%
- 毎日ステータス・アップデートしているユーザー数は3500万人
- 平均滞在時間は日次55分（アクセス 6 時間）
- 平均友人数は130人
- 平均参加グループ数は13件
- 月間イベント紹介回数は 3 回，ステータス・アップデートの月間投稿数は18億件，写真の月間投稿数は30億件
- 新規イベントの月間作成数は350万件
- ファンページ数は300万件，うち企業運営は150万件，ファン数合計は延べ53億人
- 毎日新規に延べ2000万人増加
- Facebook アプリの総数は50万件

- アプリ開発者は100万人
- 100万人以上の月間訪問者を持つアプリは250件超
- Facebook Connect を利用しているサイトは 8 万件超
- Facebook Connectを利用している外部サイトからの利用者数は月間6000万人超
- 米国トップ100サイトの67%が Facebook Connect を利用
- 世界トップ100サイトの50%が Facebook Connect を利用

以上のような巨大ネットワークに短時間で拡大した。これは，経済でいうところのある一定の閾値を超えるとその後急速に拡大するネットワーク効果である。

Facebook の大きな特徴は，リアルタイム性にある。それまでの，ネットワーク上，インターネット上の多くの Web やアプリケーションは，リアルタイムでは動かないものがほとんどであった。SNS やブログも RSS フィードなどを利用して変更や書き込みがなされたときに通知されそれによりユーザーが新しい情報を見に行くといった方法が主流であった。インターネットのようにパケット通信の仕組みを持ったものでは，リアルタイム性を追求するには多くの負荷を伴うためチャットなど特別な場合を除いては実現されていなかった。メールもリアルタイムで動いてはいない。

現在の Social Media の多くは，リアルタイムで動くプラットフォームを持っておりそれが多くの人にコミュニケーションの新しいツールとして迎え入れられたのは確かである。ノルウェーなどの北欧の国では，人口の50%以上が Facebook を利用している。インターネットを利用している人は多くの国で国民の70–80%であるのでこの数値は驚異的である。特に若い人は，コミュニケーションツールとしての利用が盛んで，大学では，教職員のコミュニケーションツールがメール中心であるのに，学生は SocialMedia をコミュニケーションツールとして利用しており世代間のギャップが生まれている。2009年には，米国では，e-Mail アドレスの発行を取りやめた大学も出始めた。

米国の大学生，特に一流大学の学生は，就職のプロモーションのため Facebook の内容を就職担当者に公開しており，リクルートするほうも Facebook

上で活躍している人間には，会社のほうから勧誘するような状況になっている。米国の会社では，Social Media を80%以上の企業がすでにリクルートのために利用している。さらに，米国で結婚した8組のうちの1組は Social Media を通じて知り合ったことも報告されている。インターネット上のトラッフィックでも2010年3月訪問者数で Facebook が Google を抜いたことが専門の調査会社から発表されている。

Facebook が成功した理由は，いくつか挙げられる。

①2007年にオープンなプラットフォームを発表し稼働させたのは歴史的に大きく評価されること。Google の "OpenSocia" は，Facebook に対抗するために発表したと理解していること。

②2007年の2月のデータではユーザーが1700万人ぐらいの人数だったにもかかわらず5月にプラットフォームのオープン化を行った。技術としての Web Services の発展を Web2.0のような抽象的な概念でなく実際に見える形で示したことは評価される。

③ Citizen Centric（EU での2004年頃から始まった電子政府の基本方針，この議論には私も参加している）の仕組みを提供していること。供給側の論理ではないこと。結果としての，人間中心の仕組みが成立していること。そして，アプリケーションや Web をオープンなプラットフォームに連携させてシームレスにアクセスできるようにしたこと。結果として人間のソーシャルグラフを中心としたオープンなネットワークが成立したこと。

④コンテンツを集めるのとそれを作る人間を集めるのとどちらがいいかといえば，集めるコンテンツを創造する人間を集めその人たちのプラットフォームを提供するほうがよいに決まっている。そこでは，想像もつかない新しいことが生まれる可能性がある。これは，シリコンバレーの人々，特にビジョナリーと呼ばれる人々の基本的な考え方であり，インターネットの基本思想である「人間の知識をいかに増大させるか？」というバネバー・ブッシュ以来の考え方に沿っているのだと思う。

2007年に Dave McClure（Facebook オタク）は，この年 Stanford 大学で寄付講座を担当しておりヒッピー40周年と Facebook 元年であると述べてい

る。彼は,「露出を高めるためのFacebook活用法」を発表している。それによると,

①ソーシャルグラフを作る：プロフィールとプライバシー
②コネクションを作る：ネットワーク，グループ，イベント
③フィードの必要性：ソーシャルな活動のストリーム
④コンテンツの共有：共有と人―ストーリーやメディアのタグ付け
⑤未来へのアプリ：プラットフォーム，API，アプリケーション
⑥お金を払って参加する：広告ネットワーク，スポンサー付記事，有料配信
⑦「Show Me The Bunny」：プレゼント，ポイント，バーチャル通貨

細かい仕組みは変化しているが基本は変わっていない。

さらに，Twitterのようなマイクロブログと呼ばれる簡単なメッセージをリアルタイムで交換する仕組みも急成長している。FacebookとTwitterは，相互に連携して動くようなシステムが構築されている。

米国では,すでに企業の多くがマーケティングや広報宣伝活動にSocialMediaを利用している。その象徴的な事例が米国大統領選挙とSuper Ballにおける広報宣伝活動の変容である。

2008年の大統領選では，オバマ陣営は公式ホームページはじめ16のサイトを利用したが，当選に最も貢献したのがFacebookである。2008年11月4日の選挙当日のFacebook上の友達リストは230万人で，すでにこのときFacebookで応援するのがCoolであるという評判が立っていた。マケイン候補の友達は，62万人であった。2009年4月にオバマ大統領の友達リストは600万人を超えており，一人が平均130人の友達を持っているとすると，クチコミでの影響力は大きい。そしてオンライン献金での総額は7億4500万ドル（約735億円）に達し，実に395万人の人が献金した。これは，民主党内で候補の座を争ったクリントン候補のことから見ても，その草の根的選挙戦の実態が明らかになる。オバマ候補の献金の主要な部分は一人100ドル以下で，クリントン候補の主な献金は2300ドル以上である。

Super Ballはアメリカンフットボールの王者を決める米国最大のスポーツイベントで，視聴率は20年連続で40%を超えており，このときのTVに流

すコマーシャルの評判が企業の売り上げに影響する。そのため，各企業は当日放映までCMの内容を極秘にしていた。2009年度のSuper Ballではペプシの3Dのコマーシャルなどが評判になった。

2010年度のSuper Ballで，コカ・コーラは，「社会を幸せにしよう」，「オープンハピネス」というキャンペーンを行い，Facebook上でコカ・コーラのボトルをイメージした無料の仮想ギフト（写真や絵）を準備し，参加者が友人にその中から気に入った仮想ギフトを選んで贈ることを促すキャンペーンを行い，実施した人には，コカ・コーラが社会貢献として米国少年少女クラブに1ドルを寄付することを行った（最大25万ドル寄付）。さらに，Super Ball当日に放映される予定のCMの一つのチラ見を許可し，クチコミで広めようとした。

バドワイザーは，Facebook上の企業のファンページ上でSuper Ball放映予定テレビCMの動画候補作品3本を公開し，投票で当日放映されるCMを選ぶ投票権を与えた。Super Ballの放映権は30秒3億円といわれ，バドワイザーは総計5分間確保していた。この投票はクチコミでFacebook上に広まった。

前年度評判の高かったペプシはSuper Ballのコマーシャルから撤退し，2000万ドルをFacebook上のペプシリフレッシュメント計画に投下し，六つのジャンルの社会貢献，環境（食糧と避難所〔Shelter〕），近隣のコミュニティ，健康，教育，アートと文化，プラネットから，意欲あるCrowdから具体的なアイデアの募集をし，投票によりカテゴリーごとに毎月32プロジェクトに総額約130万ドルを提供した。

ペプシコはコカ・コーラに対してSocial Mediaの中では後れを取っているため，Super Ballの放映料約3分の料金をこのプロジェクトに投入した。ペプシコの副社長フランク・クーパーは，「一つのイベントや瞬間にこだわることなくムーブメントを作り出す必要」によりこのプロジェクトを実施したとしている。

コカ・コーラは社会貢献心理をマイクロペイメントにより呼び起こし，単なるマスメディアとしてのTVではなくクチコミを利用したソーシャルTV

というものに拡張した。ペプシコは人々が共感するソーシャル・テーマを選ぶことで1年という長期間にわたり参加型でストーリーを展開させ，ブランドコミュニティの増大を図ることができる。

2009年には，バーガーキングやスターバックスなども Facebook 上で特徴的なマーケティング活動を行った。スターバックスはアイスクリームを発売するに当たり1時間ごとに800枚の無料券を各世帯1枚限り1日2万枚，抽選で Facebook 上で配布することを米国のみで実施した。当たらない人には1ドルの割引券を配布し，これがクチコミで広がり，企業イメージが UP し Facebook 上のナンバー1の企業の Fan ページを作り出した。バーガーキングは，「Wopper」プロジェクトを実施した。Facebook 上の Wopper アプリケーションの上で友達10人を削除するとハンバーガー1個の無料券がもらえるというもので，発表されてから数日間で23万人が犠牲になった。削除された人にはメールで連絡が行くという手の込んだもので，企画した広告代理店 Crispin Porter＋Bogusky（CP＋B）の名を広めると同時に，ネット上に3200万人が書き込みをしたという大きな効果を生んだ。このプロジェクトの費用は制作費5万ドル以下で，通常の広告費用に換算すると8倍の費用40万ドル以上であったと推定されるが，通常の広告ではここまでの効果は期待できなかったことは明白である。

Texas 大学の MD Anderson ガンセンターは，予約に Twitter を導入したところ患者が9.5%増え，Naked Pizza は Twitter からの注文が売り上げの68%を占め，新規顧客の実に85%が Twitter からの注文であったという結果が出ている。最近では「Harvard Business Review」2010年3月号に Social Media は小規模ビジネスや地域性のあるビジネスにも効果があるという論文が掲載された。

日本でも，日産自動車が2010年12月に発売する電気自動車「リーフ」の宣伝は，マスメディアは利用せず Social Media のみを使うことを決め，Twitter により広報活動を行っている。本田技研工業も，ハイブリッド車「CR–Z」の宣伝にミクシィを利用してハンドルネームのどこかに CR–Z の名前を付け，一番広めた人に1台プレゼントするというプロジェクト実施した。当初の予想では，1−3万人ぐらいの人の参加を予想していたが，実に84万人の人が参加し，クルマの知名度を上げた。2010年のカーオブザイヤーは，「CR-Z」であった。

米国でもGMとクライスラーはSocial Mediaを積極的に活用していなかったが，Fordはマーケティングの費用の25%をSocial Mediaに投下しており，新車Fiestaが発売される前に18歳から35歳までのジェネレーションY世代，すなわちクルマ離れ世代の37%がすでに認知していたという結果も出ている。

このように，社会貢献やブランドイメージばかりでなく実ビジネスの世界にも，Social Mediaは大きな影響を与え始めた。

消費者行動のモデルも，従来いわれていたAIDMAの法則やAISASの法則からSIPSの法則に移行していると，電通が指摘している。SIPSとは，Sympathy（共感），Interest（興味），Participation（参加），Share（共有）を意味し，PがPurchaseでないところがSocial Mediaらしい。FanページやTwitterを通じて自分も企業活動に参加するというのが本命で，Action（購買）がないのが新しい行動モデルである。実際には，対象とするモノにより，AIDMA，AISASなどがなくなったわけではなく，世代や対象とするモノに対してモデルが多様に共存（ジェネレーションによるかな？）しているのが面白い。

5　21世紀の社会へ向けて

「インターネットの主役は誰か？」という問を学生諸君に発すると，1980年代から1990年代は，ネットワークを構成するプレーヤーすなわちプロバイダーであったり，メールやWebのサーバーを運用しているデータセンターなどの答えが返ってきた。主役は，もちろん端末の前にいる人間である。しかし従来のインターネットでは，人間を結ぶ単なる線であり，主役のプレイヤーはネット上にあり物理的な道具としてのネットワークであった。

イヴァン・イリイチはその著『コンヴィヴィアリティの道具』の「はじめ

に」で，人類の３分の２がその生活様式における脱産業主義的な均衡を選択することで産業主義的時代を経過せずに移行する可能性に言及している。さらに，現代の科学技術が管理する人々のためではなく，政治的に相互に結び付いた個人に使えるような社会を「自立共生的（コンヴィヴィアル）」と呼んで，三つの価値，生存・公正・自律的な仕事，について論じている。パーソナルコンピューターやインターネットが知識と情報の共有のためのコンヴィヴィアルな道具としての意味であるが，それがさらに発展したのがSocial Mediaであるといえるかもしれない。

一方，人間と人間との結び付きを財として考える考え方に，Social Capital社会関係資本の考え方がある。Social Capitalの定義は研究分野によって異なるが，大まかに「コミュニティにおける信頼や規範などの人々のつながりやすさ」を表していると考えられる。Coleman（1990）は，「Social Capitalはその機能によって定義されるものである。それは単一の問題ではなく，二者の特性が共有する多様で異なる存在である。すなわち社会構造の側面からなり，人的資本や物的資本のように生産的で利益を生ずるものであり，それがなければ到達できないような目的の実現を可能にするもの」と考え，Putnam（1995）は，Colemanの定義を民主制の成果の差異説明に応用し，「協調行動の実現により社会の効率を増進させることができるようなネットワークや信頼（trust），規範（norm）といった社会組織の性質」と定義した。Putnamは2000年に『孤独なボーリング』を著し，米国社会のSocial Capitalが減衰していることを数多くのデータによって示した。

一方，当時Harvard大学の大学院生だったマーク・グラノヴェッターの第１論文は，管理職や専門職の人に聞き取り調査を行い，「今の職を得るために力になったのは誰か？」ということを調査し，その結果，友達ではなくちょっとした知り合いが重要であることを発見した。彼はこの論文を1969年８月に「アメリカンソシオロジカルレビュー」に投稿したがリジェクトされ，４年後1973年５月「アメリカンジャーナルオブソシオロジー」に「弱い絆の強さ」という題でアクセプトされた。現在では古典ともいえるこの論文は，職を見つけたり，レストランの開業，流行を生み出したり，情報を得たりするのは，友人関係よりその先にある弱い社会的絆のほうが重要であるということを示した。

「エゴ」普通の人物は，親しい友人を持つ，それら友人は互いに知り合い社会の中で緊密な部分を構成する。エゴには知人がいる。これら知人が互いに知り合っているのはごく一部で，知人は，親しい友人を持つ別の緊密な構造に組み込まれる。その緊密な構造はエゴの属する構造とは別の存在であることを示した。親しい友人がもたらす情報量は普段から付き合っているので情報理論的にあるいはシャノン的には驚くような情報をもたらすことは稀である。ところが，友人の友人からもたらされる情報量は，普段付き合っている情報量より格段に大きな情報量として示される可能性が大きい。これは，まさに，Social Media の中で起こっていることである。

ネットワークの特性を計算する手法の基準は，ノードすなわちつながりの中心，ここでは人間と考えると，①紐帯の数，②距離，③媒介性，と考えることができ，実際の Social Media 内の構造では，ある中心となるハブを形成する仲介人が重要な役割を果たしている。ウイルスの伝搬などでも同じことが証明されている。

しかし，自分からの情報が伝わることを考えると，実際のネットワーク上の「つながり」には（Dumber，1993），

①伝搬するうちにだんだん弱まっていく減衰傾向を示すことが多い。

②ネットワークの安定性の問題，３次のつながりを超えると不安定になる場合がある。

③人間はもともと小さな集団での性格に慣れており，大きな会議などでも，細部のネゴシエーションは数名の少人数で行われることが多い。

Facebook を例に取ると，平均130人の友人がいるので，自分を０次とすると友人は１次，友人の友人は２次，友人の友人の友人は３次である。この人数は，イギリスの人類学者，進化生物学者のロビン・ダンバー（Robin Dunbar）が示したダンバー数「それぞれと安定した関係を維持できる個体数の認知的上限」約150人（100–230人）に近い。Facebook で実際に計算してみると，４次で約３億人に達することがわかる。１次→130人，２次→16900人，

３次→2197000人，４次→285610000人となる。

Dunber（1993）は，さらに実際のSocial Networkのサイズについても研究しており，霊長類のSocial Networkのサイズはグルーミングを行うサイズであることを示し，人間は言葉により１対１ではなく１対多のコミュニケーションが実現し，一度に2.76人の相手と会話をすることを予測した。この研究は，大学の食堂などのデータを集めて予測が正しいことを明らかにしている。これは，３番目の小グループでの会話の成立を意味している。

実際には友人の友人とすべて知り合う可能性は０ではないが，Social Networkが減衰することを考え，減衰にべき乗則であるZipfの法則に従うとする。Zipfの法則はパレート分布の離散型であり単語の出現頻度等を表し，都市の人口などもこの法則に従うことが知られている。頻度の大きさが順番の逆数で表されることが知られているので，下記のようになる。

表10-1

	人　数		Zipf則
１次	130人	（130 人）	1
２次	8,450人	（ 65 人）	0.5
３次	365,885人	（43.3人）	0.333
４次	11,891,253人	（32.5人）	0.25

３次のつながりまで考えても実に約37万人の人とつながる可能性が大きいことが考えられる。これは，人間の縦のつながりを考えるとわかりやすい。自分の父母を１次と考えると長い間同じ屋根の下で家族として暮らしているのでコミュニケーションは密である。それに対して２次のつながりすなわち祖父や祖母を考えると父母の両方の祖父や祖母と一緒に暮らしているのは稀でありそのつながりは時代の重なりも年齢の差からくるので１次のつながりほどは強くない。曾祖父や曾祖母になると人数は８人になり時間的な重なりはさらに希薄になる。これらがSocial Mediaでは，同時代人の横方向に展開するがそのつながりはさまざまである。

シャノン流の情報量基準から考えると，稀な情報すなわちグラノベッターのいうような弱い紐帯を持った人の情報のほうが，より大きな情報量を持つことになる。

実際には，友達の中でも強い絆と弱い絆があり，べき乗則のスケールフリー性が保持されると考えると，130人の中をZipfの法則により，友人内の絆の強さを4次までのつながりの強さと考えると，1次のつながり48%，2次のつながり24%，3次のつながり16%，4次のつながり12%となる。これは数に直すと，62人，31人，21人，16人になる。

これらの考え方で再計算してみると，下記のようになる（単純化のため性質は保たれると仮定）。

表10-2　　（単位：人）

1次	62	31	21	16
2次	3844	961	441	256
3次	238328	29791	9261	4096
4次	14776336	923521	194481	65536

で，総数（人数）は1次：130，2次：5502，3次：281476，4次：15959874。

こちらのほうが実感に近いかもしれない。これはあくまでも平均値で，中にはハブ構造の中心となる人物もいるのでばらつきがあるが，平均的姿はこのようなものかもしれない。

個人から見た情報の伝搬力で考えると，逆に情報量は大きくなる。

表10-3

1次	1	0.5	0.333	0.25
2次	0.5	0.25	0.1667	0.125
3次	0.333	0.1665	0.111	0.08325
4次	0.25	0.125	0.0833	0.0625

実社会では友人の友人と知り合うのは稀であること（重なる部分はあるにしろ）を考えると，Social Networkは，バーチャルなネットワークというより

は，シミュラークルなネットワークと呼んだほうがふさわしい新しい社会現象と考えるべきである。さらに，人間と人間とのつながりを基本としたネットワークは，リースマンが予測した脱工業化社会の「他人指向型」の社会にふさわしい仕組みでありさらにDunber数のような人間のSocial Networkをさらに強固なものにするための仕組みでもある。Social Media上では，はるかに多くの人とつながっているように見える。Twitterのフォロワーなどや若い人がFacebookの友人として平均よりもはるかに多い数の友達とコミュニケーションしているのを見るとますます忙しくなる一方で，何となく名刺を交換しただけの人も友達になっているような気がする。

ベネディクト・アンダーソンは，『想像の共同体』(1983) で国家や民族というものは想像でつながった共同体に過ぎないことを指摘した。我々の基本理念と考えられていた国家や民族といった共同体は，実際に個人同士が知り合っているわけでなく概念として想像された共同体に過ぎないことを指摘した。それを推進したのは資本主義経済と印刷による情報技術の発展であると論じた。国民国家の成立時期と重なったこのムーブメントは，組織内部の構成員の間で共通の時間と空間の認識が生まれて同朋という意識を共有していった。

「国民は一つの共同体として想像される。なぜなら，国民の中にたとえ現実には不平等と搾取があるにせよ，国民は，常に，水平的な深い同志愛として心に思い描かれるからである。そして結局のところ，この同胞愛のゆえに，過去2世紀にわたり，数千，数百万の人々が，かくも限られた想像力の産物のために，殺し合い，あるいはむしろ自ら進んで死んでいったのである。」

「想像の共同体」とSocial Mediaを比較すると，トップダウンの考え方かボトムアップの考え方かの違いがあるが，Social Mdeiaでは，実際のコネクションによりソーシャルグラフの形成といったネットワーク理論的につながっているという概念の共有と，想像ではなく実際にすべての人とリアルタイムでコネクト（共有といった方が適切）できる（可能）という概念は，初めてのものである。

情報社会での時間の消費については，過大な情報の処理についてのゲーリー・ベッカーやハーバート・サイモンなどの研究がある。ベッカーは，情報の消費は，情報という資源の消費とともに再配分できない時間を消費（併合消費）していると主張した。労働時間は他の人と交換できるが，情報の消費における時間は再生産不可能な財であるとともに，市場においても交換できない。

Social Media における時間の消費は大きな問題で，e−Mail は便利なものだが，数が多くなると処理できなくなり，情報の洪水に飲み込まれそうになる。悪いことに，情報を送ったほうは，受け取り側の立場など考えてはくれない。ハーバート・サイモンによると，情報が豊富になると人々の関心（アテンション）が乏しくなり（欠如），読み取る人の欠乏が起こり人々の理解が不足する。サイモンが指摘したのは，マスメディアからの情報が多くなると，情報の受け手が不足することにより情報が消化されなくなる。現代では，マイクロブログ（Twitter など）のような短い情報を送って多くの人にフォロワーになってもらう方法があり，受け手が不足しているとは考えにくいが，べき乗則を考えれば明白であるが，多くの受け手がいるごく少数の情報（べき乗則のヘッドの部分）とそれ以外の多数の情報は受け手が多くいるわけではない（ロング・テールの考え方）。時間の概念も，20世紀の考え方である直線的な時間概念から，ウィリアム・J. ミッチェルがいうような「電子的なネットワークの拡大によって人々の時間観が一変した。時間は流れるように連続していると思われてきたが，デジタル時代の時間は不連続だ。古来の時間の概念は『ボロボロになり始めた』」。1990年代以降情報化が進んだ社会では，多くの知識人が感じているように時間の概念が変わり始めた。時代が大きく変容するときは，時間の概念も変容している。

総務省の社会生活基本調査などによると，時間の消費を活動別に考えると，１次活動―睡眠，食事など生理的に必要な活動，２次活動―仕事，家事など社会生活を営むうえで義務的な性格の強い活動，３次活動―１次活動，２次活動以外で各人が自由に使える時間における活動，に分けられ，１次活動は横ばい，２次活動は減少しつつあり，３次活動が増大している。

これを，ワーク・ライフバランスが進んでいると見るのか，情報のための時間消費が増大していると見るのかは，今後の推移を見なくてはならない。

若い人々の行動を見ていると，PCをしながらTVを見たり，コミュニケーションの手段も電話からメールへ，メールからSocial Mediaへと移行しているように思える。欧州のFacebookユーザーの中で，ジェネレーションYと呼ばれる18歳から35歳までの人々が50%以上を占めており，デジタルネーティブと呼ばれる若い人々の圧倒的支持を受けているのも，この世代がその上の世代ジェネレーションXと比べても消費行動，時間概念，情報やプライバシーに関する考え方が大きく変わってきていることは確かであり，今後の詳細な研究が待たれる。2003年に「公共iDCとc–社会」という本を書いたとき当時いわれていたe–社会ではなくc–社会に変わりつつあることを指摘した。イヴァン・イリイチがいったコンビビアリティ（Conviviality）を“軽くみんなで楽しくわいわいやろう”ぐらいの意味で考えると，人間と道具（ネットワーク）の相互依存の復活により他人指向型の社会では，Social Mediaはまさにうってつけのコミュニケーションの道具であり，友達とつながることによる情報の共有が監視社会へのアンティテーゼなのかもしれない。

ネットワーク上のCrowdの出現前は，「大衆」(mass)，「公衆」(public)，「群衆」(crowd) という言葉が使われた。マス（大衆）は，多数の無名または匿名から構成される未組織の集合体と呼べる。通常空間的に散在していて，各々の接触は間接的である。マス・コミュニケーションの受け手としては受動的であり，さらに「公衆」(public) というマス・コミュニケーションによる影響により共通の認識をもつ空間的に散在した世論形成の中心となる人々と区別される。さらに「群衆」(crowd) は，不特定多数の人々が空間的に局在する状況を表している。空間的に分散して共在するというCrowdの新しい考え方は，Social Media上ではSocial Graphでつながった状態を指す。本来のグラフは，ノード（節）とエッジ（枝）から構成され，実世界の構造をリンク（関係）で表すことが多く，人と人の結びつきがこの構造の中核だと考えると本来のグラフは人間関係を表すモノだが，社会構造を考えるとリンクの概念まで拡張した概念として捉えた方が自然である。すなわち広い意味で考えると，①人と人とのつながりを表す人間関係から，②個人属性等の人のデータ，③モノやコンテンツといった人間行動に関するデータや履歴等の三つから成り立っている。Social Graph を Mixi は，「互いに知っている人同士のつながりを表す」と狭義に捉え，Facebook は，①②③のように広義に捉えているといえる。Twitter も人がつながることを主としており，Social Graph を狭義に捉えていると考えられる。ノードとエッジをネットワークとして考えると，ノードは ID に，エッジはそれを接続するプロトコルやフォーマットと考えることができる。

しかし，実世界とネットワークの違いを考えると，ネットワークの世界は実世界を反映しているが，必ずしも同じ集合にはならないのは自明の理である。ネットワークは，実世界をシミュレートすることはバーチャルという概念で可能であるが，全てをシミュレート可能なわけではない。Social Media の世界は実世界を基礎としているが拡張されており，「シミュラークル」と呼ぶべきモノと考えた方が，より実際に近い概念である。

ベネディクト・アンダーソンの「想像の共同体」になぞらえると，国民は匿名性や無名性のある大衆・公衆であり，市民は実名性のある集合すなわち離散的な群衆と考えることができる。東アジアの人々は律令制度以来の無名性のある国民であり，西洋の多くの国々の人々は実名性のある市民であることを考えると，Social Media における Mixi の匿名性と Facebook の実名の違いが理解できる。最近の研究によれば，匿名だからといって情報の信頼性が実名と比べて劣るわけではない。

消費社会が有形の財であるモノを中心として展開していき，やがてそれが記号化していく過程は，ネットワークが発達したデジタル時代になると「所有」から「アクセス」の時代，すなわち非物的な財が価値を持ち，購入，所有，蓄積といった行為からアクセスの経済というべき現象にとって代わると，ジェレミー・リフキンは『エイジ・オブ・アクセス』の中で述べている。アクセスの経済の中では，無形の時間や知識，文化ばかりでなく有形のモノも，形を変えてアクセスによるビジネスモデルへと変容していき，ネットワークと相互接続の環境の中で新しい状況が生まれている。

ジェレミー・リフキンはさらに『ヨーロピアン・ドリーム』の中で，自由と安全について，アメリカ人とヨーロッパ人の自由と安全の考え方について，次のように述べている。アメリカ人は，自由は自立性と結びつき，自立には財産が必要で，富の蓄積により独立可能となり，自主独立により他者から隔絶され，その排他性により安全を確保する。ヨーロッパ人は，自由とは帰属することで，他者と無数の相互依存関係を持ち，コミュニティが増えるほど満たされ，有意義な生活を送るための機会や選択肢が増え，それにより他者との関係が包括性をもたらし，その包括性が安全をもたらす。アメリカ人にとって重視するのは経済成長，個人の富，自立としての独立であり，ヨーロッパ人は持続可能な発展，生活の質，相互依存を重視する。この考え方で重要な点は，文化的アイデンティティを保ちながら多文化を認め包括的・体系的に考えるヨーロッパ人の考え方が，Social Mediaの中で起こっている考え方に近いといえる。

常に人と対峙して暮らす状況が日常化して仲間集団との同調性を気にする時代には，自由と安全の観点からもSocial Mediaはまさにうってつけのツールであり，単なるネットワークではないのである。

Social Mediaは，情報社会において人と人とのつながりを基盤として他人指向型社会をさまざまな形で拡張する概念であり，モノを消費する消費社会から１歩踏み出そうとするばかりでなく，新しい情報流通やコミュニケーションの方法を生み出しつつある。グローバル化している世界の中で，従来のマス・コミュニケーションのような，送り手が情報をプッシュしてくるプッシュ型のメディアと，ネットワークのように，端末の前にいる人間が情報をプルするプル型のメディアの橋渡しや融合，さらに機能の拡張をする役目を担っていると考えることができる。CloudとCrowdにより21世紀型の情報社会の新たな一歩を踏み出したが，願わくはSocial Mediaそのものがどれか一つの概念に統合されるのでなく，経済の論理に埋もれず，多様性と透明性などよき特徴を失うことなく，常に新しい概念として発展し続けるように願っている。

参考文献

アルバート・ラズロ・バラバシ著，青木薫訳『新ネットワーク思考―世界のしくみを読み解く』NHK 出版，2002年。

イヴァン・イリイチ著，渡辺京二・渡辺梨佐訳『コンヴィヴィアリティの道具』日本エディタースクール出版部，1989年。

ウィリアム・J. ミッチェル，渡辺俊訳『サイボーグ化する私とネットワーク化する世界』NTT 出版，2006年。

梅森直之『ベネディクト・アンダーソン　グローバリゼーションを語る』光文社（光文社新書），2007年。

大橋正和『公共 iDC と c–社会』工学図書，2003年。

大橋正和「クラウドがもたらす社会変革」JGN 2 シンポジウム，2009年。

大橋正和「省電力データセンターの現状と将来」日本学術振興会第171委員会十周年記念シンポジウム，2010年。

大橋正和「実証分析の基礎」中央大学戦略経営研究科第 3 セメスター講義，2010年。

大橋正和「Cloud と Crowd の基盤技術としてのインターネットデータセンター」電子情報通信学会チュートリアルセッション，2011年。

加藤秀俊『10年後の日本の経済社会』日本経済研究センター会報，1965年。

ジェレミー・リフキン著，柴田裕之訳『ヨーロピアン・ドリーム』日本放送出版協会，2006年。

ジェレミー・リフキン著，渡辺康雄訳『エイジ・オブ・アクセス』集英社，2001年

シャーリーン・リー，ジョシュ・バーノフ著，伊東奈美子訳『グランズウェル　ソーシャルテクノロジーによる企業戦略』（Harvard Business School Press），翔泳社，2008年。

ジャン・ボードリアール著，今村仁司・塚原史訳『消費社会の神話と構造』紀伊國屋書店，1979年。

ジャン・ボードリアール著，宇波彰訳『物の体系　記号の消費』法政大学出版局，1980年。

ジャン・ボードリアール著，竹原あき子訳『シミュラークルとシミュレーション』法政大学出版局，1984年。

竹内洋『社会学名著30選』筑摩書房（ちくま新書），2008年。

デビット・リースマン著，加藤秀俊訳『孤独な群衆』みすず書房，1964年。

ニコラス・A. クリスタキス，ジェイムズ・H. ファウラー著，鬼澤忍訳『つながり社会的ネットワークの驚くべき力』講談社，2010年。

ピーター・F. ドラッカー著，上田敦生訳『ネクスト・ソサエティ』ダイヤモン

ド社，2002年。
ベネディクト・アンダーソン著，白石隆・白石さや訳『増補　想像の共同体：ナショナリズムの起源と流行』NTT出版，1997年。
マイク・フェザーストン著，川崎賢一・小川葉子・池田緑訳『消費文化とポストモダニズム（改訂版）』恒星社厚生閣，2003年。
間々田孝夫『消費社会論』有斐閣（有斐閣コンパクト），2000年。
見田宗介『現代社会の理論』岩波書店（岩波新書），1996年。
ロラン・バルト著，佐藤信夫訳『モードの体系─その言語表現による記号学的分析』みすず書房，1972年。
Dholakia, U.M. and E. Durham, "One Cafe Chain's Facebook Experiment", Harvard Business Review, March 2010.
Dunbar, R. I. M., "Coevolution of neocortical size, group size and language in humans". Behavioral and Brain Sciences 16 (4): pp.681–735, 1993.
Gary Stanley Becker and Gilbert R. Ghez, "The Allocation of Time and Goods over the Life Cycle", National Bureau of Economic Research, (Columbia University Press), 1975.
Granovetter, Mark S. (1973) "The Strength of Weak Ties", American Journal of Sociology, vol.78, pp.1360–1380.
Herverd A. Simon, "Designing Organizations for an Information–Rich World"—Speech—Johns Hopkins University—Brookings Institute Lecture—, September 1, 1969 (Simon, H.A. (1971), 'Designing Organizations for an Information–Rich World', written at Baltimore, MD, in Martin Greenberger, Computers, Communication, and the Public Interest, The Johns Hopkins Press.

第 II 部

メディア表現と人間行動

第11章

住民参加による携帯電話を使ったマッピングサイト作りと意識変化

佐藤　建

1　はじめに

（1）問題の背景

総務省は，2000年（平成12年）に e-Japan 戦略を発表し，2005年には u-Japan 政策を取りまとめ，「『いつでも，どこでも，何でも，誰でも』ネットワークに簡単につながる」というコンセプトを掲げている。しかし，ネットワークのインフラは整うが，インフラ上に流通させるコンテンツがないというのが現状である。ハードだけでなくインフラの利活用およびソフトの充実へ移行する時期にきている[1)]。

また，財団法人地方自治情報センターが2008年度（平成20年度）に行った調査研究「官民協働による地域ポータルサイトの運営に関する調査研究」では，官が主導した地域 SNS については，当初は利用者が多かったものの，徐々に活用が減少していく傾向が見られるなどの問題が指摘されている。

このため，「官主導」から「官民協働」，あるいは「民主導」への転換が望まれているだけでなく，地域情報化や地域活性化には，地域住民の参加を促すような仕掛けを設計することが重要であると主張されるようになった。

また，情報デザインの分野からも，これまでの地域情報化政策について問題提起がなされてきた。渡辺（2001年）は，キャプテンシステムや半官半民のケーブルテレビによる地域情報化投資について，「地域の生活者を単なる『情報の消費者』と捉え，コミュニティの潜在力を無視していた」と批判した。さらに，地域住民が情報を収集し，他人と知識を共有したり交換したりするための効果的な方法が重要だと強調した。

こうした視点をもとに筆者は，情報通信技術の進展に伴って加速している市民による地域からの発信を，うまくコンテンツ化し整備されたハードの有効利活用に結び付けられないかと模索してきた。

まず，考えられるのは地域映像である。「YouTube」などの参加・共有サイトへの投稿の増加が，アマチュアによる映像制作活動が活発化していることを物語っている。このアマチュアによる映像制作が増えてきた背景には，デジタル機器，ソフトウェアが安価になってきたことがあると考えられる。実際に，デジタルビデオカメラとパソコン，映像編集ソフトがあれば，誰でも映像を作れる時代になった。

しかし，機材が揃ったからといって，誰もが映像作品を作れるというものではない。カメラで撮影したからといって作品になるわけではないのである。松野（2005）は映像制作について以下のように指摘している。「カメラを回して映像を撮るという行為は，映像で記録するということであっても，『映像作品』を制作するということと同じではない。映像作品を制作するには，企画，撮影，構成，編集という一連の作業が必要であり，最終的に統一された一つの作品として成立させなければならない[2)]」。

また，作品を仕上げる技術の習得には，教育という場が必要であるが，現在はまだ映像制作講座を誰もが受けられる状況にはない。また，作り上げた作品を提供する場所が，まだまだ日本では少ないということも事実である。アメリカのパブリック・アクセスと違い，日本ではケーブルテレビに作品を持ち込んで放送できるような場は，まだ少ない。各地のケーブルテレビ局が放送枠やチャンネルを開放する方向にあることから，日本全国のさまざまな地域で，アマチュアによる映像制作・発信活動が増える傾向にある。2007年に行われた調査では，全国の約36％のケーブルテレビ局が，市民が制作した番組を放送する枠あるいはチャンネルを持っていると回答している（廣田・松野，2007）。しかし，同時に，市民制作による番組は問題も多く，ケーブルテレビの編成担当者の50％以上が，「継続するのが最大の課題」と指摘している[3)]。

米国のようなパブリック・アクセス・テレビを支える法制度もなく，運営するNPO団体も弱小で予算も不安定な状態では，映像を使った地域情報化にはまだまだ課題が多いといえよう。

このように，デジタル技術の進展によりアマチュアによる映像メディア活動は活発化してきたものの，まだ一部の人たちのものでしかない。本当の意味での市民全般による映像メディア活動が広がりを見せるに至っていないのである。

このため，地域において，生活者が簡単に情報を発信・共有できるツールが求められている。すでに作られている高速インフラというハードを有効に利活用するためには，「いつでも，どこでも，誰もが簡単に」コンテンツを作ることができるシステムが必要である。

筆者は，世帯普及率が90％を超えている携帯電話を利用することで市民全般が気軽に参加できるようになると考えた。市民が携帯をツールとして使い，自動的にコンテンツが生成されるシステムの構築を考え，設計を行った。

携帯電話に付属しているカメラ機能，GPS機能，メール機能を用いて，①カメラで写真撮影，② GPS情報を付加，③メールに添付して投稿，することにより，サーバーがメールを受け取り，受け取った内容を自動的に地図上にマッピングできるシステムの構築を試みた。つまり，契約者数が約1億人に達するまで普及している携帯電話を使い，誰でも簡単に参加できるデジタルコンテンツ生成システムを開発し，参加者全員でコンテンツを作り上げるシステムを構築した。

本研究は，構築したこのシステムを使ってマップを作成したユーザー（参加者）の使用前後の意識変化に着目したものである。

（2）本研究の目的

2007年に開発したGPS付携帯電話を使ったコンテンツ生成システムを利用し，地域を歩いて送信し，マッピングサイトを構築してもらう。マッピングサイト構築作業に参加する前と後で，参加者の意識にどういう変化があったかを，プリテスト，ポストテストとで測定する。項目の因子は，①地域イメージ，②地域への関心，③情報発信意欲，④表現意欲で，それらが有意に上昇するかどうかを検証した。

つまり，参加者は，GPS付携帯電話を持って町に出て写真を撮りメールで送信する。その作業によって自動的にマッピングサイトが生成される。参加者は出発地点に戻ってきて，生成されたマップ全体を閲覧する。という一連のプロセスを通して，参加者の意識がどう変化するのかを明らかにすることが，本研究の目的である。

2　本研究で使用した GPS付携帯電話を使ったシステム

（1）先行研究

これまでに携帯電話とGPSを用いて実験・研究されてきたものは以下のようなものがある。

まず，2003年に発表されたものに，「時空間ポエマー＋カキコまっぷ：GPSカメラケータイを用いたWebGISの構築[4)]」がある。この研究は，「時空間ポエマー」と「カキコまっぷ」の両システムを統合するという形でGPSカメラケータイを用いたWebGISを構築したものである。

「カキコまっぷ」はすべての作業をWebブラウザより行う地図型情報交換システムのことであり，情報の書き込み，削除，表示，地図画面表示範囲の変更などが可能である。「時空間ポエマー」はGPSカメラケータイを用いて撮影した画像に位置情報を付加しメールで送信すると地図上に画像がマッピングされていく仕組みである。これらの二つのシステムを統合してお互いの問題点を補うことを目指している。

次に，「Urban landscape search engine[5]」サイトは「ランドスケープデザインワークショップ2003」の「都市の検索エンジン」プロジェクトシステムとして作られたものである。2003年10月より稼働しており，現在も稼働中である。サイトのシステムはMovableTypeを使用しており，投稿者がGPS付携帯電話から位置情報を付加した画像をメールで送るとサイトに自動的にマッピングされる仕組みである。

地図は独自のFlashで作られており，投稿した地点が赤色のドットで表示されるようになっている。このドットにマウスカーソルを持っていくと，投稿された画像のサムネイルとタイトルが表示される。この地図の下側には投稿されたリストが写真とともに表示されており，投稿された地点の住所が表示されている。投稿者単位でのリストを見ることや，投稿された近辺の投稿を見ることも可能である。

（2）システムの概要

まず，ユーザーがどのように投稿するかについて述べることにする。投稿手順は図11－1のようになる。

図11－1の左上側にある携帯電話で被写体となる画像を選び撮影を行う。次にGPS機能を用い，撮影地点の位置情報を取得し画像に付加する。次にメールを作成し，タイトル，本文を入力して先ほど撮影して位置情報を付加した画像を添付してメールを送信する。メールの送信先はプロジェクト単位で決められた特定のメールアドレスを指定して投稿する。

図11－1の中央にあるサーバーは投稿されたメールを受け取ったと同時に，メールのタイトルと本文，添付されている画像とに分解し，データベース上に登録する。データベース登録と同時にメールに添付された画像データに含まれている情報を取得し，撮影日時と位置情報（緯度，経度）も合わせて登録する。

登録された情報の公開について，投稿時と同時に公開するか，または，投

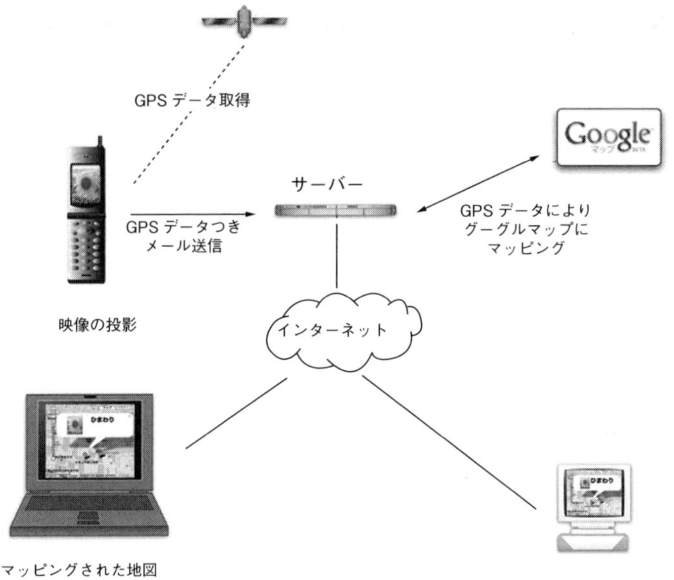

図11-1：投稿と閲覧の仕組み

稿内容を確認して公開とするかの2通りあるが，今回はプロジェクト参加者のみにしか投稿用メールアドレスを公開しないので，メール投稿と同時に公開することにした。登録完了後，パソコンよりアクセスすると，投稿された内容がグーグルマップ上にマッピングされ，タイトルと本文が表示される。

今回の「地域コンテンツ自動生成システム」の名前を「あしあと．jp」（あしあと，どっと，ジェーピー）と名付けている。この名前の由来は，投稿者が移動して携帯電話で写真を撮り，GPS 情報を付加してメールを送信し，地図上にマッピングすることが，地図上に「あしあと」を残すことになると考え名付けた。人は普段，自分のあしあとをあまり意識することはないが，本システムを活用することにより，投稿者が投稿写真とともに移動した場所（あしあと）を記録することができる。本システムの公開用にサイトのドメイン「ashi-ato.jp」も取得した。

3 マッピングサイト作りと参加者の意識変化

(1) 目　　的

コンテンツ自動生成システムである「あしあと．jp」を使ったマッピングサイト作りが，参加者の①地域イメージ，②地域への関心，③情報発信意欲，④表現意欲を有意に上昇させるかどうかを明らかにすることが目的である。

(2) 方法と手続き

1) 対　　象

埼玉県越谷市にある埼玉県立大学において，プロジェクトに参加した大学生31人（男12人・女19人）が対象。本研究の概要を学内での授業で広報し，ボランティアで参加してもらった。

2) 手 続 き

2008年9月3日。まず，Webサイト上の質問にて調査を行い（プリテスト），携帯電話で投稿，投稿内容の修正などを行い，終了後にWebサイト上の質問で調査を行った（ポストテスト）。なお，31人を6班に分け，それぞれ大学周辺の六つのルートを歩いて回ってもらった。

3) 調査内容

質問の内容は，①地域イメージ，②地域への関心，③情報発信意欲，④表現意欲に関する14の質問項目で構成[6)]。「強くそう思う」から「まったくそう思わない」までの5段階尺度とした。この14項目について，プロジェクト前後における平均値の差を「対応のある t-検定」を使って統計的有意差の検定を行った。

(3) 作成されたマッピングサイト

今回，参加者31人を6グループに分け，それぞれのルートを歩いて回ってもらった。ルートは「せんげん台駅ルート」，「香取神社ルート」，「学校ルート」，「県大周辺ルート」，「田んぼルート」，「一乗院ルート」の六つである。

写真11-1は，「学校ルート」の全体画像である。「学校ルート」は埼玉県立大学から千間台中学校，独協大埼玉高校方面に向かって帰ってくるコース

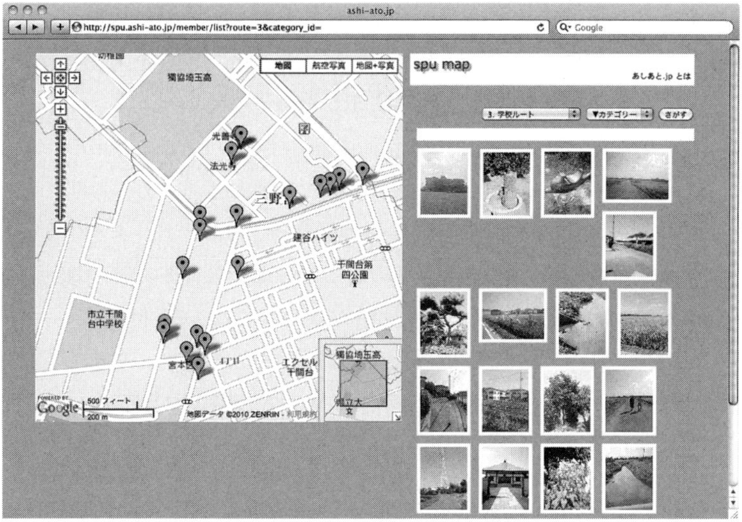

写真11-1：「あしあと．jp」画面

写真11-2：「あしあと．jp」詳細画面

である。サイトのページ構成は，左側に地図を配置し，右側に投稿された写真のサムネイルを配置している。投稿された写真の撮影場所が左側のグーグルマップ上にピンとして配置されている。右側のサムネイルを選択することにより，詳細画面に遷移する（写真11−2）。詳細画面も左側に地図を配置し，投稿された場所がピンによって表示されている。右側に投稿された写真があり，写真の下に，投稿時に書き込んだ「タイトル」，「本文」が表示されている。また，位置情報である緯度経度も表示されている。

（4）結　　果

マッピングサイト作り前後の平均値の変化は，表11−1のようになる。マッピングサイト利用前後における平均点と，対応のある平均値の検定（t−検定）の結果は，次の通りであった。「県大キャンパスには何もない（逆転項目）」，「県大キャンパスについて友達と語りたい」，「クチコミサイトにはよく投稿するほうだ」，「表現活動は面白い」，「県大周辺には面白い場所がある」，「地域を探検することはあまり好きでない（逆転項目）」，「写真で何かを

表11-1：マッピングサイト利用前後の変化（全項目）

	質問項目	プリテスト	ポストテスト	
Q1	県大キャンパスには何もない	2.68	2.13	＊＊
Q2	県大キャンパスについて友達と語りたい	2.45	2.94	＊＊
Q3	クチコミサイトにはよく投稿するほうだ	1.13	1.58	＊＊
Q4	地域からの情報発信に参加したい	2.48	2.90	＊
Q5	表現活動は面白い	3.39	4.00	＊＊
Q6	県大周辺には面白い場所がある	2.35	3.90	＊＊
Q7	県大キャンパスにも隠れた魅力がある	3.32	3.65	†
Q8	地域を探検することはあまり好きでない	2.48	2.00	＊＊
Q9	写真で何かを表現することに興味がある	3.39	3.90	＊＊
Q10	県大周辺のことを世界に発信したい	2.29	2.77	＊＊
Q11	コンテンツ制作はあまり好きでない	3.13	2.61	＊＊
Q12	県大周辺には何もない	3.35	2.26	＊＊
Q13	県大周辺のことをもっと知りたい	2.97	3.55	＊＊
Q14	携帯電話を使って情報を発信したい	2.74	3.03	＊

＊＊ p＜.01，＊p＜.05，†p＜.10，N＝31

表現することに興味がある」,「県大周辺のことを世界に発信したい」,「コンテンツ制作はあまり好きでない（逆転項目)」,「県大周辺には何もない（逆転項目)」,「県大周辺のことをもっと知りたい」は１％水準で有意差があった。「地域からの情報発信に参加したい」,「携帯電話を使って情報を発信したい」は５％水準で有意差があった。「県大キャンパスにも隠れた魅力がある」は10％水準で統計的傾向があった。

次にこの14項目について，プリテストおよびポストテストに主因子法による因子分析を実行（バリマックス回転）し，後続因子と固有値の差を因子数決定の一つの目安として，解釈可能な４因子解が採用された。この因子による累積寄与率は，66.55％であった。ポストテストの因子負荷量を表11－２に示す。

表11-2：回転後の因子負荷量

	質問項目	Factor1	Factor2	Factor3	Factor4	共通性
	第１因子　埼玉県立大学のイメージに関する因子					
Q６	県大周辺には面白い場所がある	0.84	0.29	0.13	0.02	0.81
Q１	県大キャンパスには何もない	−0.75	−0.37	−0.21	−0.13	0.75
Q７	県大キャンパスにも隠れた魅力がある	0.74	0.10	0.20	0.07	0.60
	第２因子　地域への関心に関する因子					
Q８	地域を探検することはあまり好きでない	−0.25	−0.95	−0.03	−0.16	0.99
Q12	県大周辺には何もない	−0.42	−0.64	−0.32	−0.05	0.69
Q13	県大周辺のことをもっと知りたい	0.16	0.50	0.43	0.03	0.47
	第３因子　情報発信意欲に関する因子					
Q14	携帯電話を使って情報を発信したい	0.07	0.07	0.92	0.05	0.85
Q10	県大周辺のことを世界に発信したい	0.46	0.26	0.69	0.15	0.78
Q４	地域からの情報発信に参加したい	0.27	0.53	0.56	0.30	0.75
Q２	県大キャンパスについて友達と語りたい	0.41	0.16	0.46	0.37	0.54
	第４因子　表現意欲に関する因子					
Q５	表現活動は面白い	0.53	0.12	0.02	0.73	0.82
Q９	写真で何かを表現することに興味がある	0.33	0.25	0.13	0.62	0.57
Q３	クチコミサイトにはよく投稿するほうだ	−0.15	−0.16	0.13	0.58	0.40
Q11	コンテンツ制作はあまり好きでない	−0.01	−0.14	−0.03	−0.52	0.29
	固有値	2.94	2.30	2.27	1.82	
	寄与率（％）	20.97	16.43	16.18	12.97	66.55

それによると，第１因子は，「県大周辺には面白い場所がある」，「県大キャンパスには何もない（逆転項目）」，「県大キャンパスにも隠れた魅力がある」の３項目で構成されている。これらの項目の内容から埼玉県立大学のイメージを表したもので「埼玉県立大学のイメージに関する因子」と命名した。

第２因子は，「地域を探検することはあまり好きでない（逆転項目）」，「県大周辺には何もない（逆転項目）」，「県大周辺のことをもっと知りたい」の３項目で構成されている。これらの項目の内容から地域への興味や関心を表したもので「地域への関心に関する因子」と命名した。

第３因子は「携帯電話を使って情報を発信したい」，「県大周辺のことを世界に発信したい」，「地域からの情報発信に参加したい」，「県大キャンパスについて友達と語りたい」の４項目で構成されている。これらの項目の内容から，情報発信への興味や関心を表したもので，「情報発信意欲に関する因子」と命名した。

第４因子は「表現活動は面白い」，「写真で何かを表現することに興味がある」，「クチコミサイトにはよく投稿するほうだ」，「コンテンツ制作はあまり好きでない（逆転項目）」の４項目で構成されている。これらの項目の内容から表現意欲を表したもので，「表現意欲に関する因子」と命名した。

今回のプロジェクトのアンケート項目が，①埼玉県立大学のイメージに関する因子，②地域への関心に関する因子，③情報発信意欲に関する因子，④

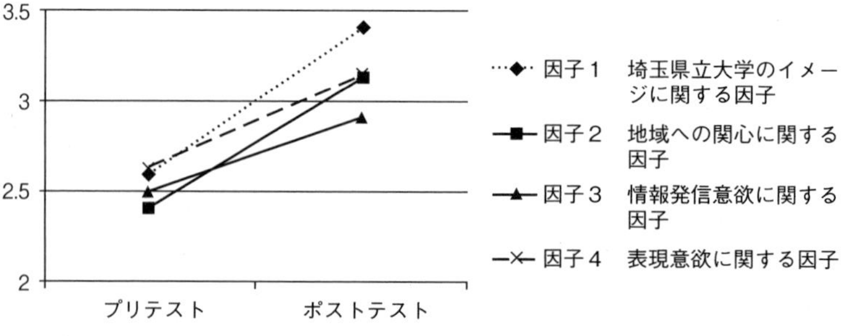

図11-2：マッピングサイト作り前後での変化

表現意欲に関する因子の計4因子によって構成されていることがわかった。さらにこの4因子について，実験の前後で変化があるかどうかを検討した(図11－2参照)。

(5) 考　察

第1因子「埼玉県立大学のイメージに関する因子」の質問項目は，「県大周辺には面白い場所がある」，「県大キャンパスには何もない (逆転項目)」，「県大キャンパスにも隠れた魅力がある」である。これらの項目についてプリテストとポストテストの間で，「県大周辺には面白い場所がある」，「県大キャンパスには何もない」は1％水準で有意差があり，「県大キャンパスにも隠れた魅力がある」は，10％水準で統計的傾向があることがわかった。また，3項目のデータを集計して，前後の平均値で見てみると，プリテストの平均が2.60で，ポストテストの平均が3.41である。

「埼玉県立大学のイメージに関する因子」は，4因子の中で一番の伸びを示している。このような結果になった理由としては，日常的に，学生たちの行動範囲は限られた中でパターン化しており，よほどのことがない限りは探索するという行動をとることはない。このため，実際に探索してみると，大学内，そして大学周辺にさまざまな物があることを発見し，これまでの「何もない」というイメージが大きく変容したと考えられる。

こうしたGPS付携帯電話を使ったマッピングサイトを作り上げる過程が，探索するという行動を喚起するきっかけになると考えられる。埋もれた地域の魅力を再発見しようという取り組みが全国で行われているが，本システムと連動させることにより，地域再発見行為がそのままコンテンツ化できるというメリットがある。

第2因子「地域への関心に関する因子」の質問項目は，「地域を探検することはあまり好きでない (逆転項目)」，「県大周辺には何もない (逆転項目)」，「県大周辺のことをもっと知りたい」である。これらの項目についてプリテストとポストテストの間で，1％水準で有意差があることがわかった。また，3項目のデータを集計して，前後の平均値で見てみると，プリテストの平均が2.41で，ポストテストの平均が3.13である。

このような結果になった理由として，学生が大学の周辺を探索するような機会がなかった結果だと考えられる。普段の生活においては，通学時に通学路の近くを寄り道することがあったとしても，大学を中心として地域を探索することはないからである。

今回，実験を通して地図という上空から埼玉県立大学を見るという行為や，自分たちが行った場所がマッピングされるという体験により，新たな認知地図を学生が獲得したのではないかと考えられる。結果として，通学路以外の場所である「大学を中心とした周辺地域」に対しても関心を持つ結果になったと考えられる。

第3因子「情報発信意欲に関する因子」の質問項目は，「携帯電話を使って情報を発信したい」，「県大周辺のことを世界に発信したい」，「地域からの情報発信に参加したい」，「県大キャンパスについて友達と語りたい」である。これらの項目についてプリテストとポストテストの間で，「県大周辺のことを世界に発信したい」,「県大キャンパスについて友達と語りたい」は1％水準で有意差があり，「携帯電話を使って情報を発信したい」，「地域からの情報発信に参加したい」は，5％水準で有意差があることがわかった。また，4項目のデータを集計して，前後の平均値で見てみると，プリテストの平均が2.49で，ポストテストの平均が2.91である。

今回のプロジェクトに参加する以前は，携帯電話は，個人同士のコミュニケーションツールにとどまっていたと考えられる。しかし，簡単に携帯電話を用いた地域からの情報発信が可能であることに気づいた。さらに地域には「何もない」と思っていたものが，実際に探索しマッピングサイト作りを体験することによって地域のさまざまなものを発見したため情報発信意欲が向上したと考えられる。

第4因子「表現意欲に関する因子」質問項目は，「表現活動は面白い」，「写真で何かを表現することに興味がある」，「クチコミサイトにはよく投稿するほうだ」，「コンテンツ制作はあまり好きでない（逆転項目）」である。これらの項目についてプリテストとポストテストの間で，1％水準で有意差があることがわかった。また，４項目のデータを集計して，前後の平均値で見てみると，プリテストの平均が2.63で，ポストテストの平均が3.15である。

今回参加者は，携帯電話で写真撮影して投稿することにより，瞬時にコンテンツができ上がる仕組みを体験した。これによって，個人の投稿が結果的に地図上に大きなコンテンツとしてでき上がっていく様子も見ることになった。このプロセスにおいて，個々人が投稿したものが結果的に地域を再発見するというマッピングサイトとなって形作られていくことで，表現することの楽しさを感じたのではないかと考えられる。

地域を歩き，情報収集を行うことが新たな発見をし，意味を持つと考えられる。さらに，携帯電話というメディアが，地域住民の行動を喚起し，情報発信を誘発する要素になる可能性があるのではないかと考えられる。

なお,「調べ学習」により「地域への関心」や「表現意欲」が向上するという研究も行われているが[7]，本研究で示しているような「情報発信意欲」が向上することには至らないと考える。携帯電話を利用して個人が写真を撮り投稿するという行為が自動的に地図上にマッピングされ，全体のコンテンツを作り上げるということになる。このことにより，自分以外の投稿者や閲覧者からのフィードバックが得られ，新たな投稿へと向かう意欲につながると考えられる。

4 | 結　　論

高速通信ネットワークというインフラ整備が進む中で，誰でもが簡単に意味のある地域コンテンツを作れる仕組みを構築できないかと考えた。本研究では，すでに90％以上の普及率を持つ携帯電話に注目した。携帯電話で，各人が地域の物や生物を撮影しGPS情報とコメントを付けて送信するだけで，マッピングサイトを作成できるシステムを構築し,「あしあと．jp」と名付けた。

本研究は，その「あしあと．jp」を利用することで，利用者にどういう心理的効果をもたらすことができるのかを実験的研究によって明らかにしようと試みた。実験の場として選んだのは，埼玉県立大学である。都心から離れ，田園風景の中にある大学である。

参加した学生31人は，埼玉県立大学内と大学周辺を探索し，興味を抱いた物や生物を撮影しコメントを付けて送信た。これによって，埼玉県立大学と大学周辺について174枚の写真とコメントで構成されるマッピングサイトが完成した。

投稿後，マッピング位置，コメント修正などを行い，また他投稿者の投稿を見てもらった。これらの作業前と後で，アンケート項目に回答してもらった。その結果，このマッピングサイト作りに参加することで，次の4点が有意に上昇したことがわかった。

①埼玉県立大学のイメージ

②地域への関心

③情報発信意欲

④表現意欲

①埼玉県立大学のイメージと②地域の関心が上昇した点については，日常的に，学生の行動範囲やパターンは決まっており，日ごろ行かない場所を探索し情報を投稿し共有することによって，学生の認知地図が変容したことが背景にあると思われる。

また，③情報発信意欲，④表現意欲についても携帯電話で撮影してコメントを付けて送信するという単純で簡単な作業を多くの「個人」が行うだけで，結果的に大きなダイナミックなコンテンツを創造できるという表現の体験が，「情報発信意欲」，「表現意欲」を向上させたものと考えられる。

以上のことから，マッピングサイト作りに住民が参加する行為は，地域情報化や地域活性化という点においていくつかの可能性を秘めているといえる。それは，①パブリック・アクセス・テレビよりも，簡単に誰でも参加できる，②地域再発見という認知レベルから，行ってみたいという行動レベルまで意識を喚起できる，③普及率90%以上である携帯電話を利用することから，誰でもが気楽に参加できる，④たくさんの「個人」が簡単な作業で，大きなコンテンツを作れるという協働や連帯の実感を共有できる，などである。

今後の課題として，今回，アンケート調査だけという１事例で結論を導き出す結果となったが，参与観察やインタビューなどと組み合わせての意識変化についての妥当性を高める必要があろうと考える。また，調査対象を大学という限定された空間ではなく，もう少し地域を広げた場所での実験が必要である。地域住民にとって有効なツールにするためには，学生だけでなく，小学生からお年寄りまでが利用できるツールツールとしての実証実験を今後行いたいと考えている。

〈謝辞〉本研究を行うに当たり，埼玉県立大学の國澤尚子准教授のご協力をいただきました。ここに謹んで感謝の意を表します。

注

1）松野良一『市民メディア論―デジタル時代のパラダイムシフト』ナカニシヤ出版，2005年，３－４頁。
2）１）と同書，2005年，137–138頁。
3）廣田衣理子・松野良一「日本におけるパブリック・アクセス・チャンネルの可能性と課題―CATV における市民制作番組に関するアンケート調査を中心に―」，『情報文化学会全国大会講演予稿集』15巻，2007年，61–64頁。
4）上田紀之・中西泰人・真鍋陸太郎・本江正茂・松川昌平「時空間ポエマー＋カキコまっぷ：GPS カメラケータイを用いた WebGIS の構築」，『社団法人電子情報通信学』No. 39，2003年，71–76頁。
5）「Urban landscape search engine」http://ld.minken.net/（2010年６月20日現在）。
6）質問項目に「Web 上で表現活動をすることは面白くない」というものがあったが，アンケートの自由記述欄に「意味がわからなかった」という記述があったため質問項目からはずすことにした。
7）西川範夫・林徳治「小学校社会科地域学習（京都府木津町）におけるコンピュータ利用について」，『日本教育情報学会』No. 13，1997年，202–203頁。

参考文献

岡田朋之・松田美佐編『ケータイ学入門（有斐閣選書）』有斐閣，2002年。

河井孝仁・遊橋裕泰編著『地域メディアが地域を変える』日本経済評論社，2009年。

瓦井秀和・廣瀬弥生・三浦和昌『コミュニティ・イノベーション』NTT 出版，2003年。

財団法人地方自治情報センター「官民協働による地域ポータルサイトの運営に関する調査研究」2008年。http://www.lasdec.nippon-net.ne.jp/cms/9,269,24.html（2010年 6 月20日現在）

庄司昌彦・三浦伸也・須子善彦・和崎宏『地域 SNS―ソーシャル・ネットワーキング・サービス―最前線 Web2.0時代のまちおこし実践ガイド』アスキー，2007年。

松田美佐・岡部大介・伊藤瑞子編『ケータイのある風景』北大路書房，2006年。

松野良一編著『市民メディア活動』中央大学出版部，2005年。

丸田一・国領二郎・公文俊平『地域情報化　認識と設計』NTT 出版，2006年。

渡辺保史『情報デザイン入門―インターネット時代の表現術』平凡社，2001年。

Sam, R・Dave, T.・David, H.・前田修吾監訳『Rails によるアジャイル Web アプリケーション開発』オーム社，2006年。

第12章

日本におけるパブリック・アクセス・チャンネルの課題と可能性

CATVにおける市民制作番組に関するアンケート調査を中心に

廣田衣里子

1 はじめに

近年，デジタルビデオカメラ，パソコン，インターネットなどのデジタル技術の発達を背景に，市民による番組制作活動が日本各地で少しずつ広がっている。市民自らが，身近な話題やコミュニティの活動を取り上げた番組を制作し，地域のケーブルテレビやブロードバンドを通してコンテンツを配信している。そうした状況の中，欧米で制度化されているパブリック・アクセス・チャンネルに注目が集まっている。しかし，日本で実施されているケーブルテレビのパブリック・アクセス・チャンネルの事例は数少ない。欧米とは法制度や文化が異なる日本においては，現在のところパブリック・アクセス・チャンネルの取り組みには課題も多い。

パブリック・アクセス・チャンネルの概念は，市場競争の激化を背景としたマスメディアの巨大資本による統合・集中化による弊害から，市民の表現の自由，知る権利を保障することを目的として想起された。パブリック・アクセス・チャンネルの活動が最も盛んに行われているアメリカでは，公民権運動を背景として，修正憲法第１条の再解釈を根拠とし，1980年代に法制度化された。市民に開放される放送媒体として，希少資源である地上波などの電波媒体ではなく，同じ放送メディアでもケーブルテレビが活用されている。チャンネルをまるごと，そのまま市民に開放している。アメリカにおいてパブリック・アクセス・チャンネルは，市民が実際にテレビ番組を制作することによって自らの意見を表明できる社会的仕組みとして捉えられている。パブリック・アクセス・チャンネルは，カナダ，ドイツなどの国々においてそれぞれ異なる仕組みでメディア法において制度化され，市民による放送メディアへのアクセスを保障している。この制度は，表現の自由の確立を基盤として発展し，民主主義社会の根幹を支える制度として歴史的に尊重されてきた。

一方，日本ではそのような法制度は存在せず，一部の市民とケーブルテレビ局の協力による草の根的な事例が少数存在するのみである。日本は欧米の国々と社会的，文化的土壌が異なり，歴史的に市民による社会的自己表現が比較的弱かった。にもかかわらず現在，日本でもデジタルビデオカメラ，パソコン，インターネットなどのデジタル技術の進展を背景に，市民自らが情報発信や意見表明を行う市民テレビ局や市民メディアの活動が盛んになってきた。法制度の不備など様々な問題によって，日本で市民が番組を制作し，放送することは極めて困難な状況にあるが，そうした閉塞状況の中にあっても，市民による映像表現活動は大きく拡大している。日本版パブリック・アクセス・チャンネルには課題があるものの，可能性もふくらんでいる。

日本においてケーブルテレビは当初，地上波の難視聴対策を目的として普及が始まった。現在ではインターネットの通信網としての役割や局制作のコミュニティ・チャンネルを通じて災害情報などを含むきめ細かい地域情報の発信を担い，地域コミュニケーションの活性化に寄与している。しかし，コミュニティ・チャンネルは，最小限の番組制作費で運営を強いられる場合が多く，必ずしも理想に叶っていないという現状がある。また，日本においては放送された番組内容に対する責任問題が放送局にかかってくるため，市民が番組制作に参画することもケーブルテレビ局側としては，負担となる場合がある。このため日本では，ケーブルテレビ局の市民制作番組に対する対応が，欧米諸国のように積極的であったとはいえない。

現在日本でパブリック・アクセス・チャンネルが注目されている理由として，総務省が推進する地域情報化政策が挙げられる。平成18年2月から総務省で開催された「2010年代のケーブルテレビの在り方に関する研究会」[1]では，ケーブルテレビの「地域性」と「公共的役割」を再発見し，ケーブルテレビの今後の方向性として地域の諸課題を解決するICTサービスの提供と，住民とのヒューマン・コミュニケーションの充実などによる地域の活性化などへの貢献が明記されている。これを受けて，地域社会の表現空間として地域住民や団体などにチャンネルを開放し活用することで，より多様性に富んだ地域社会や文化を作り上げようとする動きが活発になっている。このような背景をふまえ，国内のケーブルテレビ局番組編成担当者を対象に市民制作番組に関するアンケート調査を行い，現状と可能性，および課題を分析した。

類似のテーマで全国のケーブルテレビ局を対象とした調査研究が過去に3回実施されている[2]（金京煥〔2002〕, CATV now〔2002〕, 姜英美ほか〔2004〕）。今回の調査では，初めて放送のデジタル化に関わる質問項目を加えた。

2　先行調査の分析

（1）市民制作番組の放送

番組に対する市民参画の形態別調査を初めて行ったのが，2002年実施の『CATV now　2002年5月号』によるものである[3]。この調査では，パブリック・アクセスの基本的な形であるA.「企画・提案から撮影，編集，コメント，アナウンスまで住民が主体的に制作した番組を放送する枠がある」局が36局，B.「局側のコントロール下で制作した番組を放送している」が33局，C.「ビデオ投稿を放送している」が136局，上記A. B. C. 三つの形態を混合で放送していると答えた局が18局，C. とその他が5局，その他が23局であった。

この調査では，住民が主体的に番組制作を行いその番組を放送している局

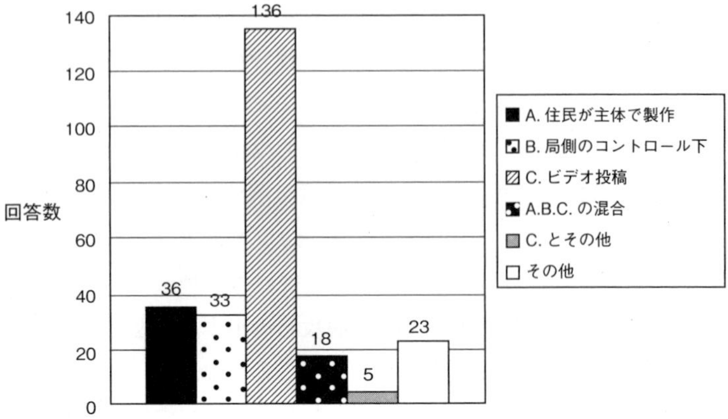

（出典）「アンケートにみる全国ケーブルテレビ局のコミュニティ・チャンネル」，『CATV now』2002年５月号より作成。

図12-1：住民が番組制作に参画する形態（N＝442）

は36局であり，全体（442局）の8.1%が市民制作番組を放送しているということが読み取れる。他の選択肢も合わせると何らかの形で住民が制作に参加する番組枠を設けている局は全体で251局（56.8%）である。市民が制作する番組は大半は局の指導で参加する番組であったといえる。この調査で，１割ほどの局（つまり全国の数十地域）に，番組制作に主体的に関わる市民の組織があることがこの調査で明らかになった。

また，２年後の姜英美ほか（2004）でも，全国のケーブルテレビに対する地域住民の番組への参加内容の調査を行っている。発送数585通のうち247社より回答があり，回収率は42.2%であった。住民参加のレベル（複数回答，N＝231）としては，「地域住民が自主制作番組に出演している」が最も多く74.5%を占めており，次に「投稿ビデオを放送している」が49.6%，「市民レポーターとして活動している」が24.1%，「スタッフとして参加している」，「企画に参加している」がそれぞれ16.1%，18.2%となっている。最も主体的参加形態である「住民が自主制作番組そのものを制作している」と答えた局は11.7%（16局）であった。

この調査においても，番組への市民の参加はケーブルテレビ局主導で行っ

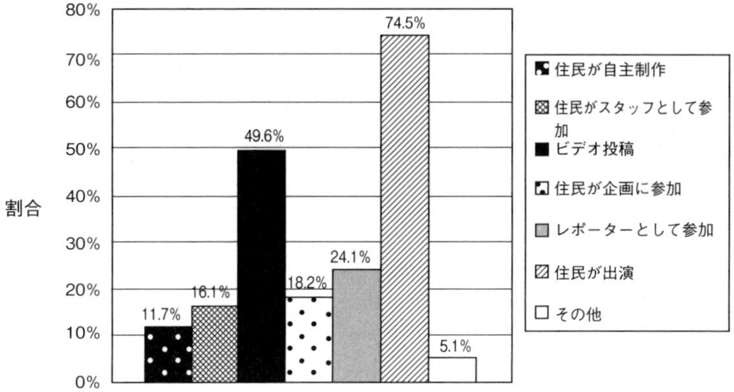

（出典）姜英美ほか（2004）『日本の地域メディアにおける地域情報形成過程に関する研究
―CATV 自主制作番組制作責任者意識調査を媒介にして―』より作成。

図12-2：地域住民の番組参加内容（N＝231）

ていることを示す選択肢への回答が多く，市民の番組への参画の形はいまだ主体的でないといえる。しかし，2004年においては，前回の『CATV now』による2002年の調査よりも市民が主体的に制作した番組を放送している割合が若干増加しており，姜（2004）は，ケーブルテレビの番組制作責任者は今後，「地域情報の内容と量を優先的に強化し，その上，住民参加を誘導しようという姿勢が見出される」と指摘した。

（2）問題点，課題

金は，2003年の調査でケーブルテレビ担当者の「市民による放送参加によって制作された番組の放送時の留意点」について明らかにしている。コミュニティ・チャンネルを有する245局のうち199局（81%）が「番組のテーマおよび内容」を挙げており，続いて回答数が多かったものは，124局（51%）が挙げた「番組の映像や音声の質」と「著作権等の処理上の問題」であったと指摘している。

「番組のテーマ・内容」が最も大きい留意点として挙げられた理由は，日本の放送法の規定である。日本の有線テレビジョン放送法の第17条（放送法の準用）によれば，日本の放送法第３条の２第１項の規定は，有線テレビジョン放送（ケーブルテレビ）についても準用すると明記されている。したがって，ケーブルテレビの番組にも，放送法第３条の２第１項の規定である①公安および善良な風俗を害しないこと，②政治的に公平であること，③報道は事実を曲げないこと，④意見が対立している問題については，できるだけ多くの角度から論点を明らかにすること，といったものが求められる。こうした現行法の仕組みの下では，市民による制作番組もケーブルテレビのコミュニティ・チャンネルで放送される以上，放送法第３条２第１項の規定の適用から逃れられないし，市民制作番組を放送するケーブルテレビ局側も常に番組のテーマ・内容と番組の質を保持しなければならないという責任がある。「番組テーマ・内容」が留意されることは，現在の日本の放送法だけの問題ではなく，制度化されている放送システムの中に素人である市民が参加するという制作参加本来の特性に起因する問題であると，金（2003）の調査は指摘している。

この問題点は，「番組への市民の制作参加」だけではなく，市民が主体的に制作した番組「市民制作番組の放送」についても，同様のことがいえるで

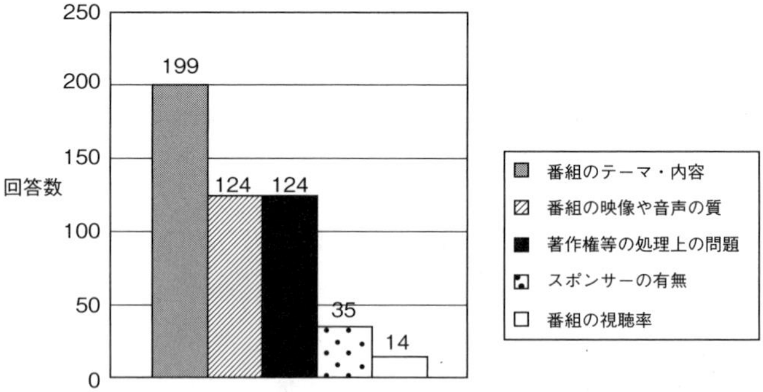

（出典）金京煥『日本の放送参加に関する研究―ケーブルテレビを中心に』上智大学，2003年，第５章「日本のケーブルテレビのコミュニティ・チャンネルと放送参加」より作成。

図12-3：コミュニティ・チャンネルにおける住民・団体の制作番組の放送時の留意点（N=245）

あろう。市民制作番組を放送する場合は，ケーブルテレビ局に責任がかかってくる現在の仕組みの下では，番組が放送できるかどうかを事前にチェックする時間と労力がかかってしまうという現状がある。

津田（2006）はこのような現状を踏まえ，市民による番組制作の課題について，市民による番組制作では，番組内容，番組の質，編集権，制作費，技術，事務処理などさまざまな問題を解決するため，制作トレーニングを含めたシステマティックな制作体制を市民側とケーブルテレビ側の同意に基づいて整える必要があると指摘している[4)]。

3｜研究の目的

本研究の目的は，CATV 局番組編成担当者への市民制作番組に対するアンケート調査によって，市民制作番組の放送の現状を把握し，日本型のパブリック・アクセス・チャンネルの可能性を検討することである。

具体的には第1に，市民制作番組の放送の現状を把握し，第2に，市民制作番組を放送することに対する問題点と可能性を明らかにすること，第3に，デジタル化による市民制作番組への影響とその可能性を探ることの三つを試みた。

4｜方法と手続き

調査対象は，2007年3月末現在のケーブルテレビ局のうち，社団法人「日本ケーブルテレビ連盟」ホームページ[5)]に記載されているケーブルテレビ事業者，全国408社を対象とした。

方法は，調査対象になったケーブルテレビ局に対して，調査票を郵送し，番組編成担当者が調査票に直接記入して返送してもらう郵送方法によって調査を実施した。調査票は，2007年5月に対象ケーブルテレビ局に発送した。調査対象408局のうち258局から回答を得たので，回収率は63.2%であった。

●調査の方法と手続き

【対 象 者】全国のCATV局番組編成担当者（全国408局を対象）

【実施方法】郵送による質問票送付と回収，自記式

【調査票配布日】2007年5月16日

【有効回答数・回収率】258・63.2%（2007年7月5日現在）

5 結　　果

（1）市民制作番組の放送の現状

CATVにおける市民制作番組の放送の現状をまず見てみたい。前述の通り，CATV業界紙『CATV now』が全国のCATV局を対象に2002年に行った調査，姜英美ほかが2004年に実施した調査では，質問の文言は若干異なっているが，市民が主体的に制作した番組を放送している局は全体の10%前後であった。

このような状況を踏まえたうえで，2007年に全国のケーブルテレビ（N=408）を対象とした市民制作番組に関するアンケート調査を実施し，市民によって制作された番組が放送されている現状を改めて調査した。Q1（現在，貴局では市民がビデオカメラで撮影した『映像』を取り上げるだけでなく，市民が制作した『番組』を放送していますか[6]）では，有効回答数258のうち，94局（36%）が①はいと回答した（図12-4）。

今回の調査は全国のケーブルテレビ局408局を対象に行った。各ケーブルテレビ局は規模，地理的状況，設立の背景などがそれぞれ異なり，その特徴は多様性に富んでいる。94局には，都市圏にあって抱える人口が比較的多い局から，地方の農村部に位置する小規模局まで，さまざまなケーブルテレビ局が含まれている。質問から市民制作番組は，単に市民が撮影した映像の投稿ではなく，何らかの企画，構成，編集などの手が加わったものを指しており，全体の36%のケーブルテレビ局が市民が制作する番組を放送しているという結果が得られた。

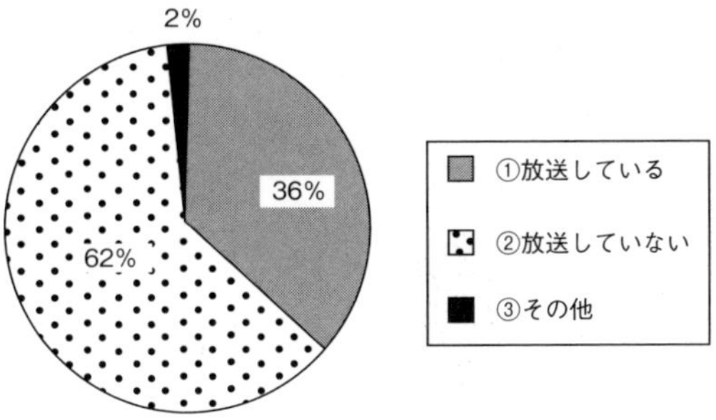

＊③その他は，自主放送を実施していない局２，放送を（具体的に）予定している局２。

図12-4：市民制作番組の放送の有無（N＝258）

（２）放送形態

次に，現在市民制作番組を放送しているケーブルテレビ局に対し，放送の形態を聞いた。

市民が制作した番組をどのような形式で放送しているかについての質問（複数回答可）では，①（放送する「チャンネル」を市民に開放している）が７局，②（放送する「枠」を設けている）が47局，③（番組内の「コーナー」で紹介している）が29局であった（図12-５）。

今回の調査結果より，現状では日本における市民制作の番組は，欧米諸国のように特別にチャンネルを開放するよりも，放送枠を設けたり，ケーブルテレビ局が制作する番組内のコーナーとして放送される場合が多いことがわかった。②放送枠の設置が最も多い回答を得たことを考えると，市民の制作する番組がレギュラー番組として放送されていることが読み取れ，市民による番組が能力・技術的にレベルアップし，制作されている現状がうかがえる。また，パブリック・アクセス・チャンネルの形態である１チャンネルを市民に開放する局も７局あった。この調査時点まで，チャンネル自体を市民に開放しているケーブルテレビ局は，株式会社中海テレビ放送と株式会社キャッチネットワークの２局のみだとされてきた。しかし，１日のうちのすべてを市民制作番組で埋めるほどは放送されていなかったとしても，市民専用

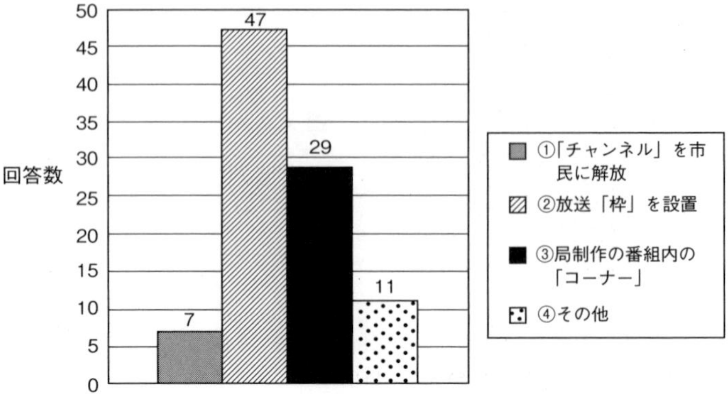

＊質問「どのような形式で放送していますか？」に対する回答（複数回答可）。
＊④その他は「いずれも単発で放送している」と回答。

図12-5：市民制作番組の放送の形態（N＝94）

のチャンネルを用意しているケーブルテレビ局が合計で7局も存在することが今回の調査でわかった。

（3）番組内容

さらに，現在市民制作番組を放送していると回答したケーブルテレビ局94局に対し，市民制作番組の内容に関する質問を行った。多かったものは，②（地域の情報・話題〔イベントやお祭りなど〕）が76で最も多く，続いて③（NPO，市民活動や趣味，サークル活動の紹介）が50，⑤風景，花，①（子どもやその家族の活動の記録〔学芸会や運動会など〕）であった（図12-6）。

今回の調査によって市民制作番組の番組内容は，地域の情報や市民の身近な話題をテーマにしていることが多いことが明らかになった。その理由としては，地域密着を掲げるケーブルテレビとして取り上げやすいということ，また市民側としても身近な地域情報を紹介する番組を制作することは比較的容易にできるということが挙げられるだろう。

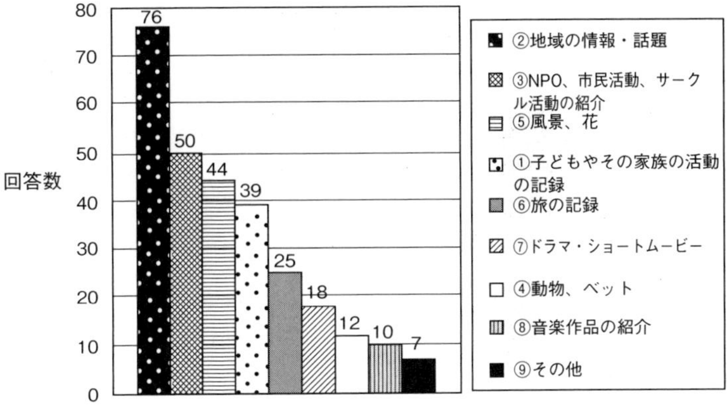

＊質問「市民が制作している『番組』は，主としてどのような内容ですか？」に対する回答（複数回答可）。
＊⑨その他の内訳は，ドキュメンタリー・社会問題3，選挙関係1，映像祭の作品1，大学生の作品2。

図12-6：市民制作番組の内容（N＝94）

（4）市民制作番組への関心（未実施局の調査）

次に，今後の市民制作番組の放送の増減を探る意味で，市民制作番組を放送していないケーブルテレビ局の市民制作番組に対する認識について調査した。

現在，市民制作番組を放送していないと回答した160局を対象に，「市民が制作した『番組』を放送することについて，どう思いますか」という質問を行った。回答で一番多かったのは，③（関心はあるが現実的ではない）が63,続いて②（実施していないが検討中である）が52,①（過去に放送していたが，現在は止めている）が33で，回答の9割以上を占めた（図12-7）。

④（まったく関心がない）と回答した局数が4局と，とても少ない結果となった。③の回答が多いことを考慮しても，ケーブルテレビ局としては市民制作番組の放送に関して関心を持っているが，何らかの理由によって放送を実施していない現状を見ることができる。②（実施していないが検討中）というような市民制作番組の放送に対して前向きな姿勢の回答も多かった。

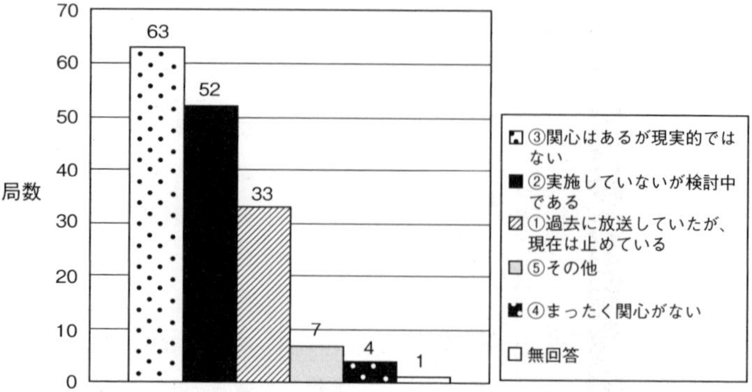

＊質問「市民が制作した『番組』を放送することについて，どう思いますか？」に対する回答。
＊⑤その他の内訳は，募集したが応募がない５，環境が整えば実施１，行政委託の番組のみを放送している１。

図12-7：市民制作番組に対する認識（N＝160）

一方，①（過去に放送していたが，現在は止めている）と回答した局が33局あったことは興味深い。次節ではこの結果をもとに，市民制作番組の放送の問題点についての考察を行った。

（５）問題点，課題

前述の質問では，いまだ「放送は現実的でない」とする意見や「以前は放送していたが，止めている」といった現状が多く見られた。これは，現場の担当者にとって市民制作番組を放送するためには乗り越えるべき課題が多く存在することの表れであるといってよいだろう。欧米のようにパブリック・アクセスの制度が整っていない日本において，市民制作番組をケーブルテレビで放送することは，ケーブルテレビ局に何らかの負担がかかってしまうという現状があるといえる。

今回の調査では，ケーブルテレビ局が認識している市民制作番組を放送することの問題点の調査を，全局（258局）を対象に行った。回答は，九つの選択肢のうち，当てはまると思う上位三つを選択する形式で，より大きいと認識している問題点を選択する形にした。その結果，②（継続が難しい）が178

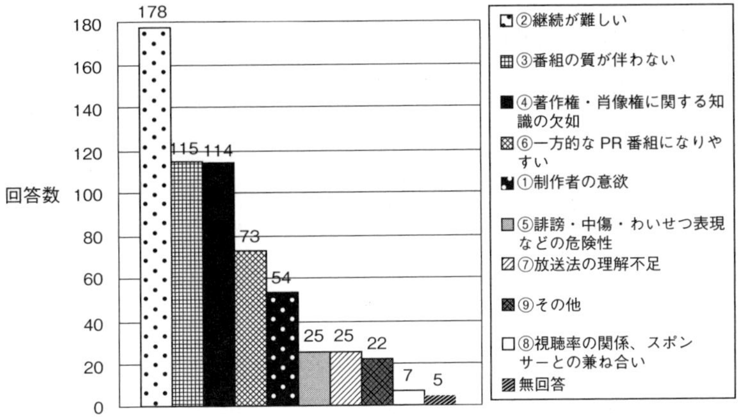

＊質問「市民が制作した『番組』を放送することに問題があるとすれば，それは何ですか？」に対する回答（上位三つまで回答可）。

＊その他の内訳は，同好会に堕落するおそれ１，制作メンバーの高齢化1，放送枠・チャンネル不足・人手不足６，制作者の固定化２，宗教１，画質の荒さ１，新しい取り組みが困難１，経営者の理解１，言葉などの表現１，現在の放送の枠組みでは不可能２，目の届かないところでの撮影が不安１，局の知名度１，時間枠内に収めるのが難しい１，局の方針１。

図12-8：市民制作番組を放送することの問題点（N＝258）

で最も多く，③（番組の質が伴わない）が115,④（著作権・肖像権に関する知識の欠如）が114で続いた（図12-８）。

この結果から，市民制作番組が継続して制作されることの困難さが一番の課題であることが明らかになった。また，番組制作の技術的課題である番組の質を問題とする回答も多かった。この調査によって現在の市民制作番組の放送に対する課題の重要度が順序付けられたといってもよい。市民制作番組が継続的に制作されるための仕組み作りが，最も強く必要とされている。

パブリック・アクセスの法制度が整っていない日本において市民制作の番組を放送するということには大きな障害があり，放送の実現のためには日本に適した仕組みを構築することが求められるだろう。その番組制作システムを構築するうえで，現段階における最も重要な視点は，「番組の継続性」であることがわかった。

（6）市民制作番組の可能性

市民制作番組の放送には，法規制から来る制限やさまざまな問題があるにもかかわらず，ケーブルテレビ担当者の関心が高く，実際に市民制作番組の放送を実施する局が増加しているという状況には，局側にとって何らかの有益性があると推測される。市民制作番組の放送に対するケーブルテレビの有益性や狙いについて調査することによって，市民制作番組の可能性を探った。

金（2003）は，コミュニティ・チャンネルへの住民・団体の制作参加のメリットに関する調査を行っている。この調査でメリットとして一番多く挙げられていたものは，「地域と密着した内容の番組が入るようになった」（180局，73.5%）であった。「地域と密着した内容の番組が入るようになった」は，ケーブルテレビの規模と制作参加の有無を問わず，コミュニティ・チャンネルへの制作参加のメリットとして最も多く挙げられている。

今回の調査（2007年実施）においても，同様の結果が得られた。市民制作番組がもたらす効果についての質問（上位三つまで回答可）では，⑤（より地域密着型放送局として充実できる）が198，①（地域情報化や活性化に貢献できる）が189，③（CATV 局が気づかないネタや話題を番組で取り上げることができる）が167で回答の多数を占めた（図12-9）。

この調査においても「地域性」に関わる項目の回答が多く，ケーブルテレビ局は市民が番組制作・放送に関与することによってケーブルテレビ局が地域に貢献できる可能性が高いと意識していることがわかった。逆に「加入者が増加する」や「新しいスポンサー発掘につながる」など，企業経営に直接関わってくる項目の回答は少なかった。ケーブルテレビ局は，市民制作番組を放送することによって収益拡大を狙うというよりも，地域貢献や住民へのサービスの拡大を目的としていることがうかがえる。市民制作番組の放送はケーブルテレビにとって，直接経営改善に影響するものというよりも，企業の地域社会貢献として捉えられている。

全国型マスメディアの影響力が大きい日本にとって，地域に根ざしたケー

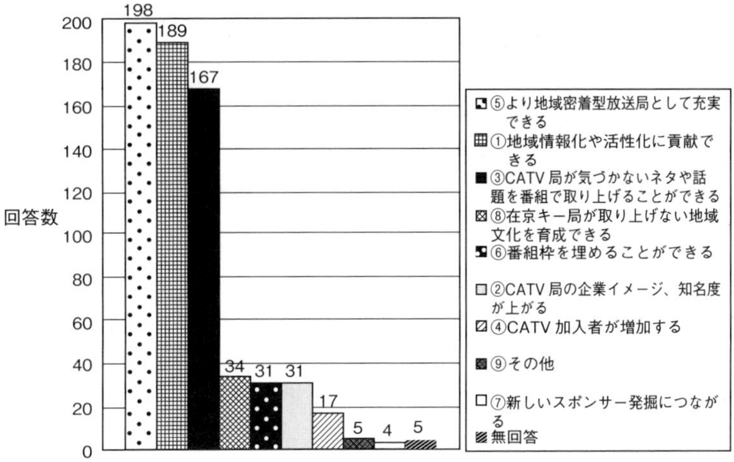

＊質問「市民が制作した『番組』を放送することによって，どのような効果があると考えられますか？」に対する回答（上位三つまで回答可）。
＊その他の内訳は，行政の住民参加の推進１，市民の情報発信力の向上１，地域に愛着を持つ１，コミュニティ内の出会いのきっかけ１，人材育成の機会１。

図12-9：市民制作番組の放送がもたらす効果（N＝258）

ブルテレビが地域情報を放送することは，地域公共圏の形成や地域文化の育成，地域経済の活性化など多くの有効性を持つ。ケーブルテレビの地域メディアとしての使命はそれだけ大きい。ケーブルテレビ側もその重要性を認識し，法制度などのさまざまな問題を抱えつつも，市民サービスの一環であるコミュニティ・チャンネルへの市民のアクセスを広げている。市民制作番組の抱える課題の解決によって，市民制作番組の放送は盛んになり，ケーブルテレビと地域住民にとって有益な仕組みが構築されることが期待される。

（７）デジタル化と市民制作番組への影響

2003年より順次地上波デジタル放送が始まったが，ケーブルテレビも順次，デジタル化が進んでいる。ケーブルテレビにとってデジタル化は大きな転機であり，放送技術の変化だけでなく企業経営にも大きく関わる変革の時期であるといえる。これはコミュニティ・チャンネルも例外ではなく，デジ

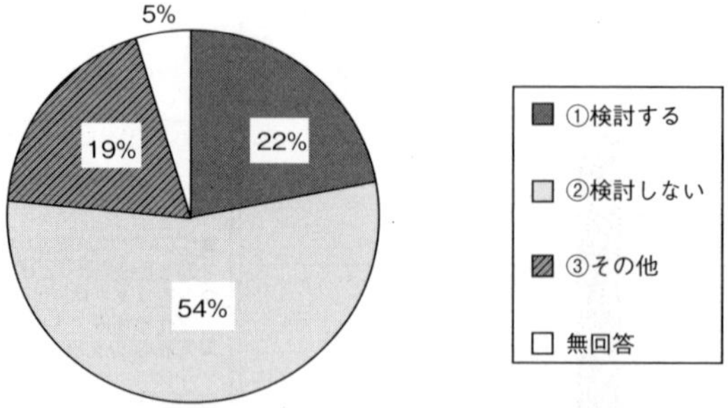

＊その他の内訳は，未定19，希望があれば検討５，受け入れ体制が整えば検討３，データ放送として市民のアクセス枠を設置２，多チャンネルにならない１。市民制作番組を放送していない160局の分析。

図12–10：デジタル化による市民制作の番組枠の検討の有無（N＝160）

タル化によって多チャンネル化，ハイビジョン放送，データ放送などが可能になる。一方で，規模の小さいケーブルテレビ局が多いため，デジタル化は，局にとって大きな負担となってしまう。

今回，デジタル化によるさまざまな環境変化が市民制作番組の放送にどのような影響をもたらすかについて調査を試みた。質問項目は，デジタル化によって市民制作番組の放送は拡大するかについてである。デジタル化による市民制作番組への影響調査は過去に例がなく，初めての試みとなった。

「デジタル化で多チャンネルになることを機に，市民制作による番組枠を検討しますか」の質問を全局を対象に行った。その結果，現在市民制作番組の枠を設けていない局の22%が，今後デジタル化の影響により番組枠の設置を検討すると回答した（図12–10）。現在市民制作番組を放送していてデジタル化後も継続すると回答した局を含めると，全体で約50%の局がデジタル化後に番組枠を市民に開放する可能性があることがわかった。

6 ｜考察と結論

図12-11は，過去２回の先行調査と今回の調査について市民制作番組を放送するCATV局の割合をグラフ化したものである。先行調査（姜：2004）に

おいては市民が主体的に制作する番組を放送している割合が11.7%だったのに対し，大幅な増加が見られた。また，調査から現在市民制作番組を放送しているかどうかにかかわらず，ケーブルテレビ放送のデジタル化によって市民制作番組の番組枠が拡大する可能性があることを確認できた。

今回の「CATVにおける市民制作番組に関するアンケート調査」によって明らかになったことをまとめると，以下の3点になる。

①ケーブルテレビにおける市民制作番組の放送は，現在増加・拡大傾向にあり，今後もケーブルテレビ放送のデジタル化に伴ってさらに拡大することが予測される。

②ケーブルテレビ局は市民制作番組の放送によって，地域貢献ができると期待している。

③現在日本のパブリック・アクセスにおける最大の課題は，市民制作番組の「継続性」である。

今回の調査によってわかったことは，パブリック・アクセス・チャンネルの法制度のない日本において市民によるメディアへのアクセスを実現することの必要性と困難性，またその可能性である。アンケート調査でケーブルテレビ局は市民による番組制作・放送活動に対して「地域貢献」を軸に多くの期待を持っているが，環境の未整備などが原因で市民制作番組の放送を実施

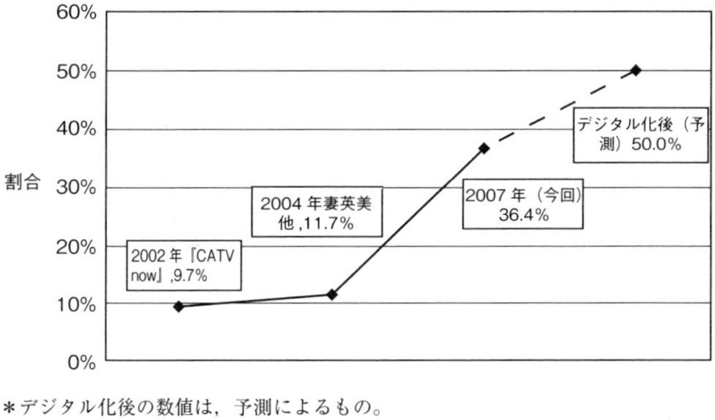

＊デジタル化後の数値は，予測によるもの。

図12-11：市民制作番組を放送しているケーブルテレビ局の割合

できていないという現状があることがわかった。また，デジタル化に伴う多チャンネル化によって今後，市民制作番組の放送は増加することが予測されており，早期の課題解決が求められている。ケーブルテレビ局は市民制作番組の放送について「番組の内容・質」よりも市民による番組制作の「継続性」に最大の問題を感じており，市民が継続的に番組制作できる仕組みが現在最も必要とされていることが明確になった。

今回の調査によって，日本におけるパブリック・アクセスの現状と課題が明らかになった。全体を通して，ケーブルテレビ局における市民制作番組への意識・関心が予想以上に高く，また，現在のケーブルテレビ側の市民制作番組に対する最大の課題は，番組が継続して制作できる環境があるかということだとわかった。

市民やケーブルテレビ局などの草の根的活動によって発展している日本のパブリック・アクセスの活動は，その歴史，性質ともに，欧米とは根本的に異なっている。パブリック・アクセス・チャンネルの法制度のない日本では，欧米の仕組みを単に取り入れる試みは現実的ではないだろう。日本におけるパブリック・アクセス・チャンネルに関わる議論は，近年の情報通信技術の発達や放送のデジタル化の問題など，情報化の政策の議論を十分に踏まえて展開されることが求められている。欧米と日本の社会的・文化的相違を踏まえたうえで，日本の社会・風土に適合する持続可能な仕組み作りが必要となるだろう。

注

1）座長：多賀谷一照千葉大学教授，18/2/22−19/7/2,http://www.soumu.go.jp/joho_tsusin/policyreports/chousa/2010cabletv/index.html

2）①金京煥「日本の放送参加に関する研究―ケーブルテレビを中心に」，『日本のケーブルテレビのコミュニティ・チャンネルと放送参加』第5章，上智大学，2003年。

②「アンケートにみる全国ケーブルテレビ局のコミュニティ・チャンネル」，『CATV now』2002年5月号。

③姜英美ほか『日本の地域メディアにおける地域情報形成過程に関する研究—CATV 自主制作番組制作責任者意識調査を媒介にして—』東京経済大学，2004年。

3）524局から回答を得，479局から有効回答。うち自主放送を行う局は442局。

4）津田正夫「市民アクセスの地平（中）」，『立命館産業社会論集』第41巻 4 号，2006年。

5）http://www.CATV−jcta.jp/index.php

6）市民による番組制作の形態が受動的ではなく，主体的に番組制作を行っているか，について問うことを意図している。

参考文献

金京煥『日本の放送参加に関する研究—ケーブルテレビを中心に』上智大学（博士論文），2003年。

津田正夫「市民アクセスの地平（中）」，『立命館産業社会論集』第41巻 4 号。

津田正夫・平塚千尋『新版パブリック・アクセスを学ぶ人のために』世界思想社，2006年。

林茂樹『地域メディアの新展開—CATV を中心として』中央大学出版部，2006年。

松野良一『市民メディア論−デジタル時代のパラダイムシフト』ナカニシヤ出版，2005年。

ユルゲン・ハーバーマス，細谷貞雄・山田正行訳『公共性の構造転換—市民社会の一カテゴリーについての探究』未来社，1994年。

Laura R. Linder（1999）*Public Access Television, —America's Electric Soapbox*, PRAEGER.

引用調査資料

姜英美ほか『日本の地域メディアにおける地域情報形成過程に関する研究』東京経済大学，2004年。

日本放送協会ソフトウェア『CATV now』編集部「アンケートにみる全国ケーブルテレビ局のコミュニティ・チャンネル」，『CATV now』2002年 5 月号，NHK ソフトウェア，2002年。

第13章

「子ども放送局」の教育的効果

東京都立城南特別支援学校の事例を中心に

渡邉恭子

1 活動の目的と狙い

(1)「子ども放送局」の意義

「子ども放送局」[1)]は，小中学生たちに放送や上映用のVTRを制作するというプロセスを体験してもらうことで，多様な能力を開発することを目的としている。この方法を開発し活動しているのは，中央大学FLP松野良一ゼミである[2)]。

松野（2009）は，「子ども放送局」の最も大きな効果は，「表現する喜びを知ること」であるとしている。言い換えれば，「表現・発信意欲の向上」である。学校教育は現在においても，知識伝達の一方向授業が主軸である。さらに学校現場は，消化しなければならないカリキュラムと学校行事が多く，表現教育にゆっくり時間を割けるところはほとんどない。このため，特別の時間枠を使って「子ども放送局」という表現活動を実施すると，小学生たちは目を輝かせる。

この「表現・発信意欲の向上」のほかに，教育的効果があるのは，「自信がつく」ことである。自分たちが学校や町を回ってリポートし，インタビューし，作品として完成させ，それが放送や上映会でアウトプットされる。上映会では大人たちから大きな拍手をもらい，爆笑の渦が起きたり号泣する人も出たりする。児童たちの感想を分析すると，「ほめられたことがなかったので，嬉しかった」，「面白かったよといわれて嬉しかった」，「自分に少し自信がついた」などの回答が多く見られる。つまり，「自己効力感」が上昇するのである。

そして，「自己効力感」のほかに，もう一つ飛躍的に向上するのは，コミュニケーション能力である。インタビューする前に挨拶と敬語の使い方の指導を受ける。実際に大人にインタビューする際に，交渉力や会話力が重要であることを，小学生は小学生なりに認識するようになるのである。さらに，現場でアドリブを考えてリポートする訓練によって，主体性や創造性なども鍛えることができる。

（2）活動の流れ

「子ども放送局」の活動は，図13−1の流れで行われる。①企画では，どんな番組，映像作品を作るのか会議を行う。映像制作という今まで自分にはできないと思っていたことを実践しているという実感がわくことで，内発的動機づけを強化することができる。②撮影では，取材相手にインタビューしたり，特定の場所をリポートしたりすることによってコミュニケーション能力

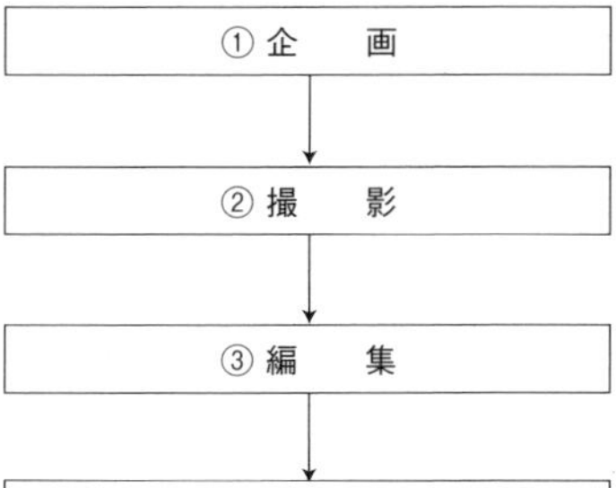

図13−1：「子ども放送局」の大きな流れ

写真13−1：企画会議の様子。

を向上させることができる。さらに，現場でアドリブを考えることにより創造力の鍛錬になる。また，ディレクターやカメラマンの役を子どもたちが自ら体験することによって，役割意識や協調性が向上する。④上映会では，自分たちの作品を大勢の人に見てもらい，評価されることで自信へとつながるのはもちろんのこと，自分の感想をその場で発表することでプレゼンテーション能力の向上にもつながる。

（3）「城南子ども放送局」の目的

今回の活動は，特別支援学級の児童が対象であるため，事前に担任の先生と会議を重ねた。その結果，児童に負担が急にかからないように準備を十分にすること，そして他人に少しでも自分の考えていることをわかりやすく伝えようとする力を養うことを狙いとすることにした。そして，企画会議，撮影，発表会に力を入れて，「コミュニケーション能力の向上」と「プレゼンテーション能力の向上」を目的として活動を進めていくことにした。

2 ｜スケジュールと実施内容

（1）活動時間と実施回数

実際の活動は，2010年2月から約1カ月間で行った。本来，子ども放送局は1日かけて短時間でアウトプットまで出すのだが，今回は子どもたちの理解速度に合わせて，各回を分けることで段階を重ねて活動をすることにした。活動時間は，「自立活動」という子どもたちの表現活動を高めることを目的とした授業の時間を当てさせてもらった。

3回目に小学校を訪問した際，「子ども放送局」のVTRを紹介しながらプレゼンテーションを行った。「子ども放送局」がどういうものか先生方にご理解いただいたうえで，城南の児童と一緒に映像制作では何を題材にするか会議を行った。その結果，今回の活動では「学校紹介VTR」を作ることになった。学校紹介を題材にした理由は二つある。一つ目は，子どもたち

表13-1：活動実施日と活動（2010年）

1回目			挨拶　小学校の先生方に挨拶
2回目			学校見学　参加児童に挨拶 普段の授業風景を見学
3回目			事前打ち合わせ 「子ども放送局」についてプレゼン
これ以降，城南の子どもたちと一緒に活動を開始			
4回目	2月2日	10：00～11：40	企画会議　子どもたちとインタビュー・リポート内容を考える
5回目	2月4日	10：00～11：40	撮影予行練習　実際の場所で練習
6回目	2月16日	9：30～15：00	撮影本番①　1日かけて，5人を2グループに分けて行動
7回目	2月23日	9：30～11：40	撮影本番②　校長先生インタビュー
8回目	3月2日	9：30～14：00	上映会　午前中に編集，発表準備 午後に，保護者を交えた上映会

が，自分たちにとって身近な学校を取り上げることで，映像制作活動に親近感を抱いてもらうため。二つ目は，学外の一般の人たちに，特別支援学校がどういうもので，どういう活動をしているのかについて知ってもらうこと。同時に，子どもたちが一生懸命リポートをする姿を紹介することにより，障害に対する偏見を少しでも解消したいという理由だ。

また，VTR 内容は，校庭リポート（城南特別支援学校の校庭は芝生という珍しさがある），通学バスのリポートと添乗員さんインタビュー，学校の児童・先生インタビュー，スロープリポート，校長先生インタビューの6項目に分けて，一人1項目担当してもらった。

表13-2：簡単な VTR の構成表

アバン	挨拶と自己紹介「VTR どうぞ！」
タイトル	「城南特別支援学校紹介～城南子ども放送局～」
本　編	①校庭紹介
	②友達インタビュー
	③通学バスリポート・運転手にインタビュー
	④学校の先生インタビュー
	⑤スロープリポート
	⑥校長インタビュー
	学校の校歌合唱
ラスト	最後の挨拶「VTR はどうでしたか？」

表13-2は，計３回の事前打ち合わせを踏まえて，学生と児童が一緒に考えた構成表である。

（２）実施内容および子どもたちの成長

児童たちと一緒の活動を開始した１カ月間の中で，児童たちは具体的に何が変わったのか，紹介していく。

１）企画会議

他の小学校で実施した「子ども放送局」のVTRを子どもたちに見せたところ，これから自分たちが何をするのか，皆がイメージすることができた。今回は城南の学校紹介VTRを制作することを決めた後，各TA（ティーチングアシスタント：学生）が子どもたちと一緒に，リポートする内容やインタビュー内容を紙に書き，簡単な原稿作りを行った。

「学校の先生インタビュー」を担当した上柳胡桃さんは，はじめは映像制作に対して不安や緊張を抱いていた。しかし，「先生は彼氏いますか？」など，自分が興味・関心のある質問を最初に考えることによりリラックスし，最後は「城南のどんなところが好きですか？」などの質問まで，次々とアイデアを思いつくことができた。

２）撮影予行練習

前回，作成した原稿用紙をなめらかに読めるように教室で練習した後，各自が担当する場所に行き，実際にカメラを回して撮影の予行練習を行った。

「通学バスリポート」を担当していた木村晃君は，カメラが回るとガチガチに緊張してしまったが，バスの添乗員にインタビューをしているうちにリラックスして，アドリブまでできるようになった。その様子を見ていた山野隆生君も，ディレクター役として，アドバイスをしたりして役割意識を高めているようだった。

３）撮影本番

①１日かけて，子どもたちのペースに合わせながら本番の撮影を行った。この日は，校庭リポート，通学バスリポート，友達インタビュー，先生インタビューを行った。

驚いたのは，「スロープリポート」を担当した志田幹太君だ。前回までの活動は，あまりやる気があるように見えなかったのだが，積極的にアイデアを出したり，発言をしたり，本番には「景色がきれいです」というアドリブを入れることができた。

写真13-2：校庭リポートの様子

②前回の都合により撮影することができなかった校長先生インタビューを行った。

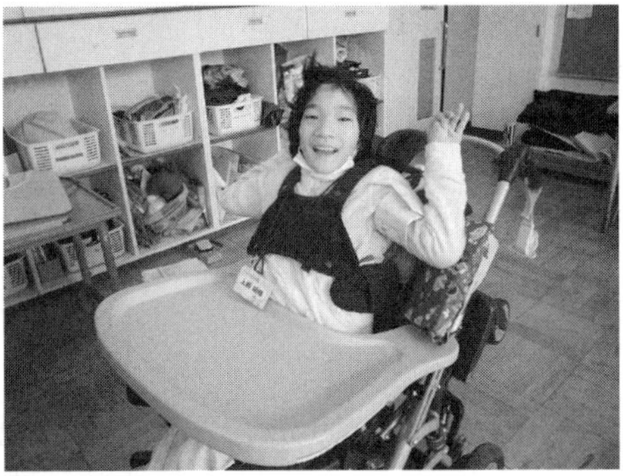

写真13-3：撮影を終えたあとの胡桃さん。
達成感が笑顔につながった。

校長先生インタビューを担当していた美濃屋圭吾君は緊張気味だったが，これまでの練習の成果を本番で十分に発揮することができた。校長先生とも気楽に会話することができたので，コミュニケーション能力が少なからず育成されたように思えた。

4）上 映 会

当日は午前中に，大学生が指導して一緒に編集作業を行った。午後は，城南特別支援学校の他のクラスの児童，参加児童の保護者，先生たちに集まってもらい，上映会を行った。

すべての活動の中でも，上映会の前ほど，子どもたちが緊張した場面はなかった。上映会では，立ち見が出るほど大勢の人が集まった。学校の児童，先生，保護者など，たくさんの人の前で舞台挨拶することは，大変な緊張をもたらしたに違いない。しかし，子どもたちは，しっかりした言葉ではっきりと話すことができた。

VTRの完成度も高く，会場から大きな拍手が起きた。子どもたちは自分たちのリポートが観客にどう見られるのか心配そうで，しかも少し恥ずかしそうだった。でも，観客から絶賛されると，皆とても感激した様子だった。上映会で舞台挨拶し，VTRが絶賛され拍手を受けるという一連の流れの中で，各人が自信をつけることができたと思われる。

写真13-4：「楽しかった人は〜？」の質問に，子どもたち全員が勢いよく手を挙げた！

写真13-5：編集作業で自分の意見を言い合う子どもたち。

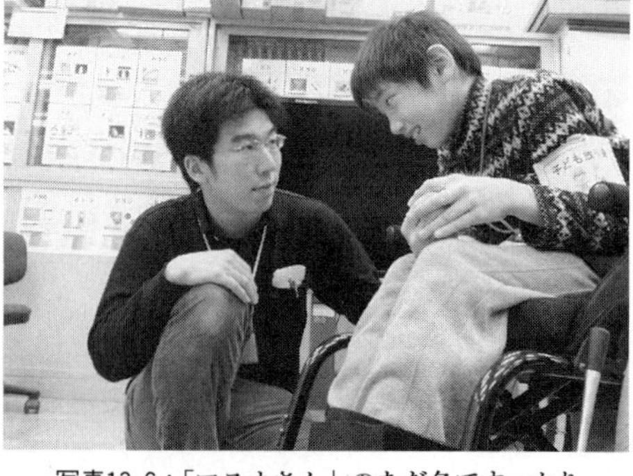

写真13-6：「マスオさん」のあだ名ですっかり打ち解けたTAと小学生。

3 結　果

(1)子どもたちの変化

子どもたちと接してきたTAの感想（子どもの変化）をKJ法にかけて分析した。

①2010年3月11日実施

②質問「城南子ども放送局を行う前後では，子どもたちはどのように変わったのか」

③参加者：岡村由貴，香月理子，北見英城，濱田貴子，

表13-3：「城南子ども放送局」の活動の前後における小学生の変化（TA である大学生の観察）

気づいた変化	具体的内容	教育的効果
表情の変化。	1. 視点が定まるようになった。 2. 笑顔でいる時間が増えた。	カメラの前に立つことで，スマイル&アイコンタクトが自然に行えるようになった。
発言・表現意欲が増した。	1. 自分が思っていることを，言葉に出して発言することができるようになった。 2. わかりやすく伝えるにはどうすればいいのか，自ら考えるようになった。	企画会議や撮影予行練習など事前準備に時間を十分かけたところ，自分が担当する場所でアドリブを出したり，身振り手振りで表現したり，さまざまな工夫をする姿が多く見られた。撮影を通してコミュニケーション能力，表現意欲が向上した実感がある。
協調性が身についた。	1. カメラマンやディレクターの役割を割り振ることで，自分の仕事に責任を持つようになった。 2. 他の子が撮影した後，アドバイスするようになった。	撮影を行っていく中で，グループの中でどう自分が振る舞うか，どう接すれば成功することができるのかを考えられるようになった。役割意識を高めたことで，協力しようとする意識が強まった。
積極性が増した。	1. 進んでリーダーシップを発揮できるようになった。 2. 周りの空気に流されることがなくなった。	最初は，周囲が張り詰めていたり，どんよりしていたりすると，その空気に流されていた。しかし，少しずつ，自分自身で進んでリーダーシップを発揮できるようになった。これは，撮影・上映会を通じて自信をつけたためであると思われる。

安田亮介，山下香，渡邉恭子（全員大学生）

結果は，表13-3の通りである。4項目が大きく変化している。

（2）大学生側の変化

子どもたちの変化に続いて，大学生の変化について KJ 法にかけて分析をした。

実施日，参加者は3－1）と同じである。質問は「大学生は，城南子ども放送局を実施する前と後で，どう変化したのか」で行った。結果は，表13-4の通り。5項目において大きな変化があったことがわかった。

表13-４：「城南子ども放送局」の前後における大学生の変化（TA である大学生の認知）

気づいた変化	具体的内容	教育的効果
障害に対する偏見がなくなった。	1. 障害者というくくりで見るのではなく，一人ひとりの人間として接するようになった。 2. 障害者に対しての恐怖心がなくなった。 3. もっと障害に対しての知識を深めたいと思った。	TA は，今まで障害者と関わってきた経験もなかった。そのため，今回の活動で障害者を偏見のまなざしで見ていた自分に気づき，恥ずかしさを感じた。
目的意識を明確にし，強く意識して活動するようになった。	1. 活動の際に，徹底した目的意識を持つことができた。 2. 普段の「子ども放送局」では得られない感動を得ることができた。目的が明確で，それを実現できたことによる。	今回の子ども放送局では「子どもたちが少しでも上手に自分の思っていることを伝えられるようサポートする」という目的を毎回 TA 間で語り合った。目的意識を強く持つことの大切さを学んだ。
子どもとの距離を近くすることの大切さに気づいた。	1. 指導する立場に立ちながらも，子どもの目線と同じ位置に立って物事を考える重要性を学んだ。 2. 子どもたちが早く打ち解けてくれるような環境作りがいかに大切かを実感した。	学生が活動しやすいように，子どもに行動を要求するのではなく，子どもたちの意思をうまく尊重することが大切だということを学んだ。また，子どもたちが意見を出しやすいように，TA と早く打ち解ける環境を整えることの重要性を感じた。
映像の持つ力，わかりやすさを実感した。	1. 上映会で子どもも大人も感動する姿を見て，映像が持つ力の大きさを感じた。 2. 映像を見ていると，気づいたら子どもたちの世界に入っていた。映像は誰にでもわかりやすいメディアであると実感した。	はじめは映像になるか不安な状況で臨んだわけだが，完成した作品を見ると，映像制作に挑戦してよかったと実感した。映像作品の持つ力は，今までの常識を覆す力を持つということに気づいた。
正直な気持ちを，表現することの大切さに気づかされた。	1. 子どもたちは私たちが普段，言葉に出していわないような「○○がいてくれてよかった」などの言葉を口にしていた。	表現することを教える立場にいた大学生側が，逆に子どもたちから「言葉の持つ力」を教えられた。

（3）保護者・教員の感想

以下，上映会に参加してくださった保護者，教員の感想である。

保護者1 「普段見られない姿が見られましたし，すごく堂々としてレポートしていて，素晴らしかったです。スロープも一人で上がっている場面が見られたり，なかなか素晴らしいと思うような質問をしたりと，子どもとは思えない成長ぶりを見られてとてもよかったです」

保護者2 「家で頑張って練習していましたが，やはり子どもたちが学生さんとコミュニケーションがとれた結果，子どもたちが自然に力を発揮できたと思いました。とてもよいものにできていたと思います」

保護者3 「VTRがとてもよかったです。一人ひとりがその子らしく，自分を表現できていて，見る人に情報が伝えられていました。緊張は頑張ろうと思うからこそするもので，緊張しながらも，練習を積み重ねた成果が出ていて感動しました。自分を表現すること，松野先生と学生さんたちの交流，一つのものをみんなで作り上げることなど，たくさんのことを学んだと思います。『やればできる』ので，これからも，新しいことにたくさん挑戦していってほしいと思います。子どもたち，ありがとう」

教員1 「子ども放送局とても楽しかったです。そして，みんなが一生懸命考えたり，インタビューしたりしているのを見て，頑張ったことがとても伝わってきました。テレビで見るみんなの姿は，いつものみんなよりも大人っぽく見えて，かっこよかったです。これからも今回の子ども放送局のように，いろいろなことにチャレンジしてみてください。きっとみんなの自信につながると思います。私もみんなのように，頑張ろ

写真13-7：撮影前に「えいえいおー！」と張り切る子どもたち。

うと思いました」

教員2 「『城南子ども放送局』とても素晴らしかったです。何度も練習したからこそ，あんなに上手にインタビューができたのだと，感動しました。一人ひとりが一生懸命インタビューや練習したことが，見ている人にも伝わり，『一生懸命っていいな。素敵だな』と思いました。心から大きな拍手を送ります」

教員3 「みんな一人ひとりの個性が出ていて，とてもよかったです。映像に映っているみんなは，とても輝いていました。みんなもいつもとは違う人と授業をすることで，楽しめたのではないでしょうか？　この経験を生かして，これからもすずらんのみんなが，自分で考えたこと・思ったことを表現（伝えて）し，いろいろな人と関わっていってほしいと思います」

教員4 「とってもよかったです。みんなが緊張している様子も伝わってきました。でも，緊張してもいいと思います。何かをするのに緊張しない人はいないと私は思います。その中で，練習してきたことや，自分の力をどれだけ出せるかが大切だと思います。それぞれみんな『らしさ』が出ていてよかったです」

教員5 「『城南ってほんとにいい学校なのだな～』と思えることができました。『学校大好き！』とみんながいってくれて，先生方は本当に嬉しいと思います。いつまでも『学校大好き！』といわれるように，先生も頑張りたいなと，一層思うことができました。ありがとうございました」

教員6 「VTRを見ながら，じわじわきてしまいました。みんなのどきどき，みんなの頑張り，たくさんのことが伝わってきました。みんなとってもとってもすごくて良かったよ！」

教員7 「今回の授業は，伝えた『つもり』の自分自身を見直す授業だったのではないでしょうか？　今回の映像を通して，伝え方をもう1回考えてみるとよいと思います」

教員8 「『城南子ども放送局』楽しく見させてもらいました。本番のとき，とっても緊張したのでしょうね。でも，テレビに映っているみんなは，とっても堂々としていて，素敵でしたよ。きっと，たくさん考え，練習をして，頑張ったからだと思います。みんながインタビューした先生も，紹介していた場所も，全部知っているはずなのに，とても新鮮に見えました！　また，見たいです！」

教員9 「素敵なビデオでした。いつもの景色がみんなの魔法にかかったように，とても特別な場所に見えました。こんな素敵な学校で過ごしているんだな〜と思え，幸せな気持ちになりました。はきはきとしたインタビューも良かったです。スクールバスの運転手さんのインタビューなど，普段そんなにお話できないけど，よく知っている人のお話が聞けて，楽しかったです。どうもありがとう」

写真13-8：本番前の緊張をほぐすTAと児童の様子。

教員10 「自分らしさがよく出ていたVTRだったと思います。頑張ってひねり出した質問でしたね。学生たちが子どもたちの個性や良さを引き出していたなと思います。もっと他のクラスのお友達の紹介があってもいいなと思いました」

教員11 「質問や疑問，意見が素直で良かった。最後の感想などをいったときに，『あ〜，みんなたくさん考えて，とても頑張ったのだな。ちゃんとそれぞれの思いがあって，取り組み・挑戦したのだな』と，感心・感動しました」

教員12 「みんなの『学校が好き。学校が楽しい』という気持ちがとても伝わってきて，これを見た人は『城南っていい学校なのだな』ときっと思うでしょう。緊張したかもしれないけど，最後まで頑張ってとてもかっこよかったです」

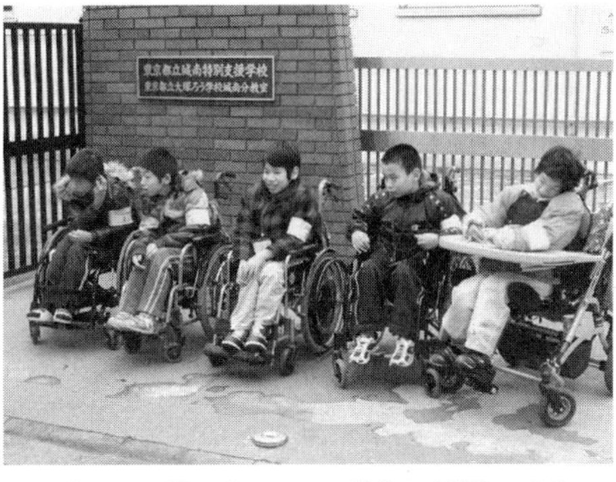

写真13-9：「僕たちは，この学校が大好きです」。
最後の締めくくりのリポート。

写真13-10：立ち見が出るほど盛況だった上映会。

（4）子どもたちの担任・井上朋子先生の感想

子ども放送局の活動を通して，子どもたちは大きく成長したように感じます。大学側の「放送局」としての技術と過去の経験，学校側の「授業」としての狙いと子どもたちに考えさせたいこと。はじめから順調に進むわけではなく，大学側・学校側でお互いに思い描くイメージが微妙に食い違い，手探りのスタートだったように思います。しかし，それらを結び付け，一つのものに向かわせたのは，一生懸命に頑張る子どもたちでした。

子どもたちは，手探りながらも，自分の気持ち・思っていること・伝えたいことを，原稿に表し始めました。うまく表現できずに四苦八苦しながらも何とか形にしようと頑張りました。学校で，自宅で，登下校のバスの中で，何度も練習を繰り返し，自信をつけていきました。カメラを向けられると，みんな緊張して顔をこわばらせましたが，30分間の自分の撮影のときには，「本番」を強く意識して取り組みました。

子どもたちに明るく優しく丁寧に臨機応変に接していただいた学生の皆さん

に，本当に感謝しています。通常学級と違う特別支援学校ということもあり，漠然とした不安もあったと思います。それでも，学校側からの要望に耳を傾け，何度も話し合いをしてくれ，子どもたちの目線に立って接してくれました。

子どもたちを一生懸命にさせたのは，学生さんたちそのものでもあります。毎週，子どもたちは，「子ども放送局」を楽しみにしていました。「学生さんと一緒に頑張りたい」，「学生さんのためにも練習したい」という気持ちが子どもの中に強くありました。

上映会を経て，また子どもたちは大きく変わりました。立場が「作る側」から「見せる側」に変わり，自分たちのしてきたことが，自己満足で終わるのではなく，人に評価される立場になったからです。教室に入りきらないぐらいの大勢の人が集まってくれ，子どもも大人も感激しました。一度見たVTRも，自身も楽しみつつ，横目では周りの反応が気になります。

拍手をたくさんもらい，それぞれがいつもよりも大きな声で，「頑張ったところ」を発表すると，「みんなに伝わった！」，「みんなが笑ってくれた！」，「拍手をたくさんもらえた！」そんな気持ちで，思わず笑顔になりました。

「たくさん人が集まってくれてほっとした」

「みんなが笑ってくれてよかった」

「緊張したけど，楽しかった」

「頑張ってよかった」

「やってよかった」

一生懸命に取り組んだからこそ，子どもの心には，大きなものが残りました。

子どもたちだけでなく，学生さんも一緒になって，一生懸命に取り組んでくれたからこそ，大きなものが残りました。

今後，子どもたちは，「人に見せる」ことを意識する活動をするとき，きっと，今回の経験を生かすことができるでしょう。はじめから何度も繰り返してきた，「『楽しかった』のイベントで終わらせない授業にしたい」，「そのためには，子どもの『気持ち・思い』を大切にしたい」という私の思いを，達成できたように感じています。

子どもだけでなく，教員である私自身も，成長させていただきました。 グループを代表して，深くお礼を申し上げます。ありがとうございました。

4 考　　察

（1） 良かった点と改善点

ここまでまとめてきたわけだが，この活動の一番良かった点は，参加した大学生が全員「子どもたちが表現活動を通して，少しでも上手に自分の思っていることを伝えられるようになるように手助けをする」という目標を忘れることなく活動できたことだと思う。また，子どもたちもその目標に到達できるように努力してくれた。だからこそ，子どもたちが主役となったVTRが制作できたのだと思うし，意義のある活動になったのだと思う。

改善点としては，指導する側の大学生が，つい子どもたちを甘やかしてしまった点も挙げられる。あまりに愛情を持って接してしまい，過保護になってしまったところもある。社会に出たときのことを考えると，もっと厳しくするところは厳しく指導するべきだったところがあったのかもしれない。

（2） 全体を通しての考察

TAの感想をKJ法にかけて分析し，さらに保護者・教員からの感想を読み解くと，映像制作のプロセスの中で子どもたちが大きく成長したことがわかった。「子ども放送局」のフレームを使って行う映像による表現行為は，城南特別支援学校の子どもたちにとってコミュニケーション能力を養うためのよいきっかけとなった。

カメラの前でマイクを持って自分の思っていることをリポートするという行為は，大人でもそうそうできるものではない。そのため，誰しもはじめは「自分に本当にできるのだろうか？」という不安に駆られる。しかし，スマイル&アイコンタクトなどの方法論を学ぶことにより，自分にはできないと思っていた素晴らしいリポートができるようになる。そして，それが映像作品となり，上映会で自分の表現行為をフィードバックされる。さらに，第三者からほめられることで達成感につながり，自己効力感の向上にもつながったと思われる。撮影を行う際には，カンペに頼るだけでなく自発的にアドリブを入れる訓練をした。それによって，判断力や創造力を鍛えることにもつながったように思う。

中には，たかが映像制作でそんなに変わるはずがない，と思う人がいるかもしれない。だが，その表現行為を通して子どもたちは私たち大人が考えている以上に，うまく伝えるための方法や，コツを吸収していくようである。映像に映る自分を見て，反省点や良かった点を素直に受けとめ，次に生かそうとする。実際，笑顔が増えたり，発言に積極性が出たり，目線が泳がなくなったという TA の感想が，それを物語っている。映像制作というツールを使った表現行為は，子どもたちの総合的な能力を，短い期間で，目に見える形で成長させることができるのだということを改めて認識できた。

また，子どもたちが表現した作品を見た大人にも，大きなインパクトを与えたようだ。「いつもの景色がみんなの魔法にかかったように，とても特別な場所に見えた」と感じ，「自分も子どもたちに負けないように頑張ろう」という感想は印象的である。

まとめると，テレビメディアに受け身だった子どもたちが，逆に上映用や放送用の VTR を自ら制作するというプロセスは，子どもたちの多様な能力を開発し，その経験を通して，大きな教育的効果をもたらすことが確認できた。特に，自分の考えや感想を適切な言葉で表現し相手に伝えるということ，そして，インタビュー相手と上手にコミュニケーションをとるということ，上映会で舞台挨拶し大きな拍手をもらうことで自己効力感が向上するということ。さらに，TA を務めた学生や観客にも大きな心理的インパクトを与え，身近な学校や仲間を再認識し親和性が向上すること，そして何よりも，偏見の解消や勇気を与える効果があるということが，わかった。

注

1）「子ども放送局」では，小学生・中学生が自ら企画・撮影・編集の作業を行い，番組（映像）を制作する。これまで教室で行われていたメディア教育とは違い，地域に根付いた番組を作ることで実践的にメディア，郷土について学ぶことができる。完成した作品は，CATV（ケーブルテレビ）で放送，Webで配信されるほか，上映会を実施して，多くの人に見ていただく。この一連の作業を中央大学FLP松野良一ゼミの学生がTA（Teaching Assistant）としてサポートしている。

2）FLPとは「ファカルティ・リンケージ・プログラム」という，中央大学で2003年度から導入された新しい教育システム。通常の学部で行われるゼミとは異なり，全学部から希望する学生を募り選抜試験を経て構成される。番組を制作するFLP松野ゼミは，文学部，法学部，経済学部，商学部，総合政策学部，理工学部の6学部の学生で構成されている。

引用文献

松野良一『総合的な学習の時間のための映像制作マニュアル』田研出版，2003年，12-22頁。

松野良一「メディア漂流⑧　番組制作と能力開発～大学で映像制作を教える意味はあるのか？」，『調査情報』通号489号，7－8月号，2009年，84-87頁。

「子ども放送局」http://blog.kodomotv.net/（2011年2月10日アクセス）。

「多摩探検隊」http://www.tamatan.tv/（2011年2月10日アクセス）。

「Movable Type　新聞ブログ」http://www.sixapart.jp/movabletype/newspaper−blog/（2011年2月10日アクセス）。

第14章

「新聞ブログ」を使ったコミュニケーションデザイン

松野良一

1 はじめに

本章では，農林水産省が主催する「食料自給率向上に向けた国民運動推進事業」(通称「FOOD ACTION NIPPON）において，2008年度に行った「新聞ブログ」を使ったキャンペーンの概要について紹介する。また同キャンペーンの基礎となった「コミュニケーション・デザイン」，「シビックプラウド」という新しい概念についても解説する。

このキャンペーンは，全国の14都道府県15小学校の562人の児童が，自らの町で「地域の食」を再発見しWeb上で発信する形を取ったもので，政府のキャンペーンとしては初めての試みであった。ここでは，「上から下へ」ではなく，「下から上へ」というコミュニケーションの流れが設計された。さらに，地域の人々が，「地域の食」を再発見することによって，自分たちの町に対する自信と誇り（「シビックプラウド」）を持てるようにコミュニケーションがデザインされた。このプロセスが，「下から上へ」のコミュニケーション効果を強め，関係者の食料自給率向上への意欲を増加させると考えた。筆者の研究室が，キャンペーンの監修を担当した。

2 | キャンペーンの目的

農水省の同推進事業は，「食料の未来を描く戦略会議」のメッセージを受けて，2008年度から始まった。概要は，「国産農産物を選択することで，食料の自給率の向上のみならず，国民の健康増進やふるさとの活性化，地球環境の保全などにも貢献し，我が国が誇る食の安全と豊かさを子どもたちの世代に引き継いでいくことを目指す国民参加による運動を展開する」ことである。

「新聞ブログ」とは，テキスト（記事）と写真をブログのテンプレートに入れて，保存をクリックすれば，自動的に新聞風のレイアウトでWeb上に表示されるソフトである。A３やA４サイズで印刷することができる。小学3，4年生からでも使用できるように開発されたものである。

この「新聞ブログ」を使ったキャンペーンは，次の二つの視点によって，設計されている。一つ目は，国産食材の消費拡大の中心的担い手は，「主婦」であり，そして「主婦」が地産地消に向けて行動を取るきっかけになるのは，「子どもたち」であるという視点である。そして，二つ目は，「子どもたち」が楽しみながら食料自給率向上や地産地消について学べば，将来的にその教育的効果が発揮されるという視点である。つまり，子どもたちが大人になったときに，国産食材の消費拡大や地産地消に取り組んでくれるだろうという長期的視野に立った視点である。

3 | キャンペーンの仕組み

キャンペーンは，図14−1のように，四つのプロセスから構成されている。

最初は小学校で「新聞ブログ」を使って「地域の食」に関する新聞を作成するプロセス，続けて家族での会話発生プロセス，地域への波及プロセス，そして全国的なコミュニケーション発生プロセスである。全体の基礎を成すのは，地域の小学生たちが，「地域の食」を再発見し，その良さを地域から

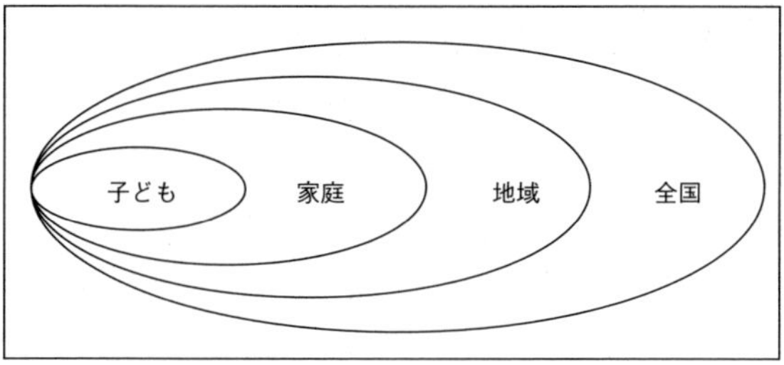

図14-1：新聞ブログを使ったキャンペーンの構造

発信していくということである。

上記の四つのプロセスにおいて，自動的にコミュニケーションが生成されるように，キャンペーン全体が設計されている。

第1段階は，小学生による新聞作成を通じた，「地域の食」の再発見である。小学生たちが地元の特産品，あるいは農家，農協，農水省の出先機関などを取材し，集めたデータと写真をもとに新聞を作成する。この際に，「新聞ブログ」というソフトを使い，通常の新聞紙に近い形でアウトプットを出す。学校教育で一般的に行われている知識の一方向的な伝達ではなく，自らが現場で当事者に取材し五感で地産地消や食料自給率の重要性を体験してもらう。ここでは，小学生たちに，取材を通して，コミュニケーション能力やメディア・リテラシーを育成してもらうことに加え，「地域の食」を再発見してもらうという意味が込められている。そして，実際に特産品を味わった素直な感想を子どもの言葉で書いてもらう。

第2段階は，家庭内での食をテーマとした親子の話題作り。でき上がった新聞を学校内や取材先に掲示してもらったりするほか，自宅に持ち帰って家族内での食をテーマとした話題作りに活用してもらうプロセスである。実際に，自分たちが作成した新聞を自宅に持ち帰ったところ，ほめてもらって会話が弾んだという児童が多かった。最後は，冷蔵庫に貼ったという報告が多数あった。

第3段階は，子どもたちの言葉による地域の啓発。タイアップしている地方新聞社が一連の新聞作成プロセスを取材し新聞で紹介した。地方新聞社の事業部は，地元でシンポジウムや地産地消のフェスティバルを開いているところも多く，今回のプロジェクトでも全面的な協力を受けた。また，児童が作成した新聞が，新聞社主催のフェスティバルなどで配布されたほか，地方紙と地方流通がタイアップした啓発運動が展開された。

第4段階は，全国レベルでの，子どもたちによる食をテーマとしたコミュニケーションの創出である。具体的には，「新聞ブログ」を使った新聞作りを体験したクラスの中から一人ずつ合計21人を「こども食料大使」として選出した。2009年3月に東京に集まってもらい，全員でディスカッションして提言書を作成し，実際に石破茂・農水大臣，河村建夫・官房長官に手渡してもらった。この際に，小学生の出身地の地方紙，および全国紙，テレビ局などが取材し報道した。

4 「新聞ブログ」とは何か

「新聞ブログ」というのは，中央大学総合政策学部・松野良一研究室とシックス・アパート株式会社が2007年に，小学生の情報リテラシー，メディア・リテラシー教育の促進を目的として共同開発したソフトパッケージである。

技術的には，シックス・アパートのブログ・ソフトウェア「Movable Type Publishing Pack」をベースとしており，写真や記事などのコンテンツをブログに入力するだけで新聞風のレイアウトに編集され，Web上での閲覧が可能である。また，コンテンツレイアウトの変更（情報の優先順位づけ）や動画配信も可能。さらに，印刷すればA3版，A4版の新聞になるため，学級新聞や学校新聞としての掲示，地域での配布，家庭への持ち帰りなども可能である。2007年にグッドデザイン賞を受賞しており，ブログの同賞受賞は史上初であった。

「新聞ブログ」は文字通り，「新聞」と「ブログ」の両方の特性を持っている。ブログ（デジタル）の特性としては，①記事作成（入力）が容易，②速報性に優れる，③自動的にアーカイブ（記録性），④トラックバックやコメントなど，コミュニケーション機能が充実，⑤動画や音声など文字，写真以外の表現が可能，などが挙げられる。

一方，新聞（紙）の特性としては，①新聞という信頼性の高い媒体イメージ，②保存性に優れる，③掲示，配布により多くの読者間（家族・知人・友人など）での情報共有が可能，④プリンターさえあれば，瞬時に印刷，配布が可能，⑤情報の一覧性，⑥見出しや扱いの大きさによる情報の価値付け，などが挙げられる。

2007年2月と3月に行った実証実験の結果，この「新聞ブログ」を使った授業は，さまざまな認知的効果を受講者にもたらすことがわかった。新聞メディアに対する親和性，新聞メディアの必要性などが上昇した。また，地域への関心度や地域からの情報発信意欲が向上し，文章を書くことに対する抵抗感が減少することがわかった。

学級新聞作りというのは，どこの小学校でも行っている。しかし，いまだに手書き新聞が多い。さらに，取材行為を伴わない学級新聞作りが多いため，作文が嫌いな児童は，新聞作りも嫌いだという子が多い。

普通はどこの小学校でも「作文が好きな人？」と挙手を求めると，手を上げるのはクラスに二人ほどである。しかし，取材をして記事と写真を準備し，新聞ブログを使って新聞作りを体験すると変わる。授業終了時に，「作文は意外と簡単だと思う人？」という質問にほぼ全員が挙手するようになるのである。

その大きな変化の要因には，①完成する新聞が本物に近い，②取材をしてデータがたくさんあるので書きやすい，③パソコンを扱うのが面白い，④普通の授業と異なりチームで助け合う，⑤他チームへのライバル心，などの要因が背景にあることが，これまでの研究でわかってきている。

5 | キャンペーンの実施

(1) 実施方法と手続き

1) 実施時期

2008年10月30日～2009年2月18日までの約4カ月間が新聞を作成する「新聞ブログ」キャラバン。2009年2月21日，22日に「こども食料大使」が提言書を作成し，農水大臣，官房長官に手渡す。

2) 実施対象

14都道府県の15小学校の児童合計562人。東京は2校実施（北海道，宮城，新潟，石川，東京，静岡，愛知，京都，兵庫，岡山，広島，愛媛，福岡，熊本）。

3) 選定の前提条件

①ネットワークに接続可能なPC環境が整備
② ITリテラシーが高い教師がいる
③地域の食や食文化など取材のネタが豊富
④スケジュール調整に柔軟に対応

という4条件を満たす小学校を選定した。選定は，地域の事情をよく知る地方紙の担当者と教育委員会にお願いした。

4)「新聞ブログ」キャラバン内容

①中央大学松野良一研究室のゼミ生（大学生），地方紙スタッフ，電通スタッフで構成されるキャラバンチームを結成。大学生がTA（Teaching Assistant）を務めた。
②チームが各校に出向き，1クラスに対して，1－2日間で，「新聞ブログ」を使った新聞作成プログラムを実施。

5)「こども食料大使」の選出，活動

「新聞ブログ」を使った新聞作りを行ったクラスから一人ずつ全国で計21人を「こども食料大使」として選出。農水大臣から任命を受ける。選ばれた21人は都内のホテルに宿泊し，ディスカッションして提言書をまとめる。その提言書を農水大臣と官房長官に手渡す。

（2）「新聞ブログ」の事例

当日に取材，撮影から始め新聞作りまで行う場合と，総合学習の時間などで事前に取材，撮影をやっておいてもらい当日は「新聞ブログ」による新聞作りだけを行う場合，の2パターンをとった。ここでは，全工程がわかるように，取材，撮影から行った愛知県新城市立開成小学校の事例を紹介する。

開成小学校は農村地帯にあり，生産地と近い。5，6年生合わせて7人が，新聞作りに挑戦した。プロジェクトは，2009年1月28日に行われた。

写真14-1：イチゴ農家で取材。

最初に学校内で，今日の目標を確認した後，インタビュー方法，撮影方法を学び，TAの大学生とともに農家を訪問する。この日は，無農薬の手作りイチゴを出荷している農家を取材した。

写真14-2：PCで新聞作り。

取材，撮影後に学校に戻り，原稿を執筆する。原稿が完成したら，「新聞ブログ」を使って新聞作りを行う。

写真14-3：新聞が完成。

完成した新聞はWeb上で閲覧できる状態になる。それをプリンターで印刷すると，新聞が完成する。

こうしてでき上がった「地域の食」に関する新聞116枚

は，Web上でポータル化され，「FOOD ACTION NIPPON」(http://www.syokuryo.jp/) のサイトで公開された (2009年4月末まで)。

(3)「こども食料大使」

1) ディスカッションで提言書をまとめる

「新聞ブログ」を使った新聞作りを体験したクラスから一人ずつ合計21人が全国から選出され，東京のホテルで農水大臣あての提言書をまとめるためにディスカッションを行った。

食料自給率向上のための提言を，子どもたちが話し合ってまとめた。内容は次の3項目で，横断幕を作成した。

①「米粉や地元の野菜を食べて地産地消を進めよう」

②「農家人口を増やすためにPRや体験農業をして『楽しい農業』というイメージを作ろう」

③「食料自給率について子どもに伝えるアニメを作ろう」

写真14-4：提言書について議論する「こども食料大使」。

2) 農水大臣，官房長官へ提出

そして，2月21日に都内のホテルで石破・農水大臣に，22日に首相官邸で河村・官房長官に，提言を盛り込んだ横断幕を手渡した。

石破・農水大臣は，「農業や食料自給率についてみんなが知らないいろんなことをアニメで伝えられればいいですね」と，小学生たちの提言を受けとめた。

写真14-5：石破・農水大臣に提言書を渡した食料大使。

写真14-6：河村・官房長官に提言書を渡した食料大使。

一方，河村・官房長官からは，「この提言をもとにして，日本の農業がもっと盛んになっていくようにしたい。食料自給率の向上は，作る人と食べる人が一緒になって考えなくてはならないこと。今日帰ったらお友達にも伝えていってください」という言葉をもらった。

6 「新聞ブログ」キャラバンの効果と考察

「新聞ブログ」キャラバンで562人の小学生が，「地域の食」に関する新聞作りを行った。そして，毎回，自由記述で感想を記入してもらうアンケートを実施した。この自由記述法によるデータをカードにし，同じ内容のものをカテゴリー化していくKJ法を使って解析を試みた。

その結果，小学生たちが「新聞ブログ」キャラバンを体験した感想は，大きく分けると四つカテゴリーに分けられることがわかった。

一つ目は，「地域の食の再発見」である。「米粉のパン，スパゲッティの食感がよい」，「プリンも地域の牛乳で作ったほうが安全でおいしい」，「和牛は生でも食べられるぐらい安全だと知った」，「自分の町がニンジンで有名な町だと初めて知った」，「意外とおいしいものが，地域にあることがわかった」などである。

二つ目は，「食料自給率に関する知識」である。「野菜たっぷりのカレーを食べると自給率がアップすることを知った」，「自宅の庭で野菜を作ろうと考えた」，「外国で戦争や大災害があると日本に食料が入ってこないので危険である」，「世界で食料の値段が上がると，日本のレストランの値段が上がる」，「アイガモ農法で作られた無農薬，低農薬の米を食べたい」などである。

三つ目は，「メディア・リテラシー向上」に関するものである。「取材すると文章がすらすら書ける」，「写真がいいと新聞全体に元気が出る」，「見出しのつけ方がいいと記事も読みたくなる」，「人にインタビューするのが抵抗なくなった」，「挨拶と敬語の大切さを学んだ」など。

四つ目は，「大学生がTAであることの効果」である。「いつもより楽しく話しやすく，授業のように思えなかった」，「今日は兄さん姉さんがたくさんいたのでとてても楽しく勉強できた。別れるときにさみしかった」，「各班に大学生がいて，丁寧に教えてくれて，わかりやすかった」などである。

7 コミュニケーション・デザインとシビックプラウド

これまでの広告モデルは，米国の強化理論を基にしたもので，テレビがCMを流せば，それがダイレクトに視聴者に影響を与えるというものであった。確かに「巨人，大鵬，卵焼き」の時代には，テレビCMの効果は絶大なものだった。しかし，デジタル時代に入り，テレビの視聴形態も大きく変化してきている。インターネットやケータイなどのデジタルツールを自由に操る若者のテレビ視聴率が，最も減少傾向にある。マスメディア全盛時代の広告モデルだけでは，効果が見えない時代に入ったともいえる。

このため，有名タレントを使って，テレビでCMを打つ方法だけでは，効果は上がらない。今回の事例では，小学生が「地域の食」を再発見して，自分の地域に自信と誇りを持つという「シビックプラウド」を育成するようにコミュニケーションをデザインした。子どもたちに食べてもらいたいと丹念に無農薬イチゴを作る老夫婦，自分の生産する和牛に絶対の自信を持ち「肉は生で食べる」と語る畜産農家の言葉のほうが，有名タレントの言葉よりもリアル感があり，視聴者の心に響く。

農水省や官邸サイドからも，「新聞ブログキャラバン」，「こども食料大使」はインパクトがあったし記憶に残ったという声をもらっている。有名タレントを使ったキャンペーンをすべて否定するわけではないが，デジタル時代には，いろいろな広告モデルを検討する必要性に迫られているといってもよいだろう。

参考文献

石橋英城「食料自給率向上に向けた国民運動推進事業企画書」電通ビジネス統括局，2008年。

岸勇希『コミュニケーションをデザインするための本（電通選書）』電通，2008年。

松野良一「『新聞ブログ』を使った食料自給率向上キャンペーン」『水土の知：農業農村工学会誌』農業農村工学会，77（9），713-717頁，2009年。

第15章

映像制作教育による地域コミュニティ作りの試み

妹尾克利

1 コミュニケーション作りからコミュニティ作りへ

「この学校は，本当によく取材している」，「映像のテンポもいいね」……放送部の生徒たちが，腕組みをしながら顔を見合わせて話している。先日行われた第57回 NHK 杯高校放送コンテスト北海道大会「テレビドキュメント部門」会場での一コマである。

１カ月前までは，ビデオカメラにもパソコンの編集ソフトにも触れたことのなかった本校放送部の生徒たちだが，初めて番組を制作して，北海道大会に出場したのだ。帰りの車内でも，他校の映像作品談義は尽きなかった。

私が現在勤務する北星学園余市高等学校は北海道の余市町という小さな町にある。1988年より全国から高校中退者や不登校生を受け入れており，全国から持ち込まれる教育問題と対峙し続け，すでに20年以上が経つ。生徒たちは，自分の育ちの未熟さ，関わりの貧しさを，寮生活やさまざまな行事を通して，集団生活という実体験によって補い，他人との関係に喜びを感じられるようになっていく。本校の生徒指導で大事にしているのは，コミュニケーション作りであり，「人間関係とは相互的なものであり，決して一方的視点で見てはいけない」ということである。しかし，そのようなことを教師が言葉で一方的にいっても，生徒には伝わらない。

「体験にまさる教育はない」というが，教師が生徒に一方向的に教えるのではなく，生徒と教師がともに体験の場を作り，さまざまな体験を通して生徒が主体的になったとき，本当の学びが生まれるのである。私は日ごろからそのような生徒の主体的な活動によって学校や地域が活気づき，コミュニケーションが起きるような教育実践を仕掛けていきたいと考えている。

私は民間企業を辞め，情報の教員免許を取得すべく稚内にある稚内北星学園大学に入り直し，ネットワーク技術，サーバー管理技術，コンテンツ制作などを学んだ。そして，授業の中で制作された映像作品をWebで配信するほか，市民に向け上映会を開催するなどの活動を行ってきた。こうした活動をきっかけに，2003年に大学の仲間とともに，「映像でまちを元気に」をモットーに学生による映像系では全国初のNPO法人「映像コミュニティ・ムーブユー」を設立し，地元企業，観光協会，行政（市役所および近隣町村，北海道宗谷支庁，国土交通省北海道開発建設局）などと協働しながら，地域からの情報発信活動を行うこととなった。そして，地元の高校生や市民を対象とした映像制作のワークショップを主催し，児童・生徒・学生，地域住民がこうした情報発信活動に参加することによって，地域の魅力の再発見やまちづくりへの意識が向上するということを実証してきた。また，個人的にも，地元の養鶏農家を追ったドキュメンタリーや，日露友好をロシア人留学生の視点から訴えたふるさとCMなど，地域を舞台にした映像作品を制作して，いくつかのコンテストにも入賞することができた。

現在，NPO法人映像コミュニティ・ムーブユーのメンバーたちが制作した映像作品の受賞数は，「地方の時代映画祭」や「東京ビデオフェスティバル」なども含め，合計で50個を超えるまでになった。市民の間でも知名度が上がり，私たちの市民メディア活動による地域情報化は少しずつではあるが，地域活性化に結び付きつつある。

しかし，私のこれまでの経験は，多くの人との出会いや協働，そしてさまざまな縁や偶然が重なったことで実現できたことである。実際にNPO法人を設立することは，通常，就職活動を控えた学生にとっては現実的なことではない。ムーブユーも，活動を続ける一方で，発足当時から運営資金や人材の確保に慢性的に悩まされているのも事実である。市民メディア活動による地域情報化のモデルケースをひとたび構築できても，そこから地域活性化へつなげるべく，永続的な活動にしていくことは，やはり容易なことではないのだ。

松野（2009）は，地域情報化から地域活性化へ結び付く重要な視点として，①地域住民が情報収集・発信者になること，②地域住民が発信者になれるような表現教育の充実，③幸福度を増すためにコミュニケーションをデザインすること，と述べている。

私は，これまでの自身の経験を原動力とし，高校教員という立場で，デジタルメディア教育をコミュニケーション作りの一環として，学校現場の中に取り入れ，地域コミュニティ作りの新たなモデルを構築していきたいと考え，これまでその方法論を模索し続けてきた。しかし，教育課程のカリキュラムががんじがらめの学校現場において，新たなメディア教育のモデルを取り入れることはそう簡単なことではなかった。

2 「映像制作を核とした情報教育」の構想

大学に復学し，地域で「市民メディア活動」を行っていた当時，いずれは高校の教壇に立ちたいと考えていた私は，自分の経験をもとに，2003年当時，新設されたばかりで，まだ暗中模索の状態であった新教科「情報」に提言できることはないかと考え，「映像制作を核とした情報教育」の構想を唱えていた。教科「情報」に映像制作を取り入れ，制作から発信までの流れに沿って年間カリキュラムを組むことが有効であると考えていたのである。

映像を「作品」にするためには，さまざまな能力が求められる。撮影や取材を通したコミュニケーションの重要性，編集を通した表現の工夫，発信者になるに当たってのモラル，肖像権や著作権への配慮，インターネット上で公開する際の Web やネットワークの仕組みの理解など，機材の操作だけでなく，表現活動を通して，メディアに対して批判的でもあり，柔軟で創造的な態度を育てることができる。そして，そうした教育目標のもとで作られた成果物を，外に向けて発信していくことは，児童，生徒にとっては，その土地ならではの「生きた教材」となり，地域にとっては貴重な「情報資源」となりうるのだ。

この構想を持って，私は現役の高校教員，現役の大学生，現役の高校生の前で，合計3回の模擬授業を行った。そして授業のあとに，それぞれアンケート調査を行い，この構想の可能性を模索した。

北海道高等学校情報教育研究大会において，会場の現役高校教員を対象に模擬授業を行ったときは，もともとは他の教科が専門だった教員が，導入に向けて2週間ほどの講習会で情報の免許を取得したものの「何をどう教えていいかわからない」，「指導に行き詰まっている」，「ワープロソフトと表計算の授業に終始している」という声もあった中で，映像制作を軸に情報の本質に迫るという私の構想は斬新に映ったようだ。しかし，その一方で「部活や校務分掌もある中で映像制作を指導するのは負担が大きすぎる」という声も多かった。大学の「情報科教育法」の授業で，大学生を対象に模擬授業を行った際は，「教科『情報』＝『コンピュータの学習』だと思っていた」という学生が予想以上に多いことが明らかになった。

高校生を対象に模擬授業を行ったときは，高校生たちの感想からは「PCであんなことができるなんて驚きだ」，「自分たちで映像が作ってみたい」という声が多く，それなりの手応えを感じた。ただ，「楽しい」と感じることは，学ぶ動機付けとして大切な要素であるが，あくまで私が目指しているのは，映像制作に対する嗜好を刺激することではなく，映像制作を通じて，メディアに対する深い理解を促すことなのである。

2005年より，私立北星学園余市高等学校に赴任することになった。数学教員としての採用だったが，教科「情報」を受け持つ機会にも恵まれた。私は自分が情報の教員として高校の教壇に立った暁には，これまで温めてきた自分の構想を，実際に年間カリキュラムに取り入れ，実践しようと熱意を燃やしていた。しかし，機材設備や時間数の問題などの壁は予想以上に厚く，結局，私自身も情報の授業の中で映像制作教育を実現することはできていない。今となっては，やはり，高校の教科「情報」の一斉授業の中に映像制作を取り入れ，汎用的なカリキュラムとして体系化することは難しいことなのだと実感している。むしろ，教育課程の中で映像制作教育を行うことが，現時点では困難なのかもしれない。しかしながら，私はやはり，映像制作を中軸に据えたメディア教育には，学校を，そして地域を変える力があると信じている。

3 | 高校生とデジタルメディアとの関わり

私は現在，高校の学校現場にいるので，メディアの研究だけに専念できる状況にはないが，高校生とメディアとの関わりや，生徒たちの変化について観察する機会には大変恵まれている。とりわけ近年は，高校生のインターネットや携帯電話をめぐるトラブルが顕著であり，メディアが「退廃文化」として高校生という消費者に与える負の影響が多分にあるといえる。特に携帯電話を用いたブログやメールによる中傷やいじめ，出会い系サイトによるトラブルは深刻で，ひと昔前には起こりえなかったことばかりである。こうした問題は日本に限ったことではなく，国民性によって普及の仕方は異なるが，世界各国で起きており，今やコミュニケーションにおいて人類史上例を見ない特有の地位を占めていることも確かである。

米国の携帯電話の普及について論じているK. A. ロビンスとM. A. ターナーは，携帯電話のマナー問題などが各国で生じていることについて，文化的，言語的差異が存在するにもかかわらず，このような一致が見られるのは驚きであるという。

メディアは人の“つながり”を促進するし，また阻害（妨害）する両刃の剣である。携帯電話やインターネットはとても便利なツールではあるが，使い方を誤ると，他人を傷つけ，場合によっては死に追い込んでしまうこともありうる。教育的視座で若者の携帯電話やインターネットの使用を考えると，メディアを倫理なく使用することは，自動車の無免許運転，あるいは，刃物を振り回すことにも等しいのである。しかしながらメディアは今後も人間と人間の，また人間と世界のつながりを模索するものである。したがって，未来を担う若者たちがメディアに対して受け身の消費者としてではなく，メディアに能動的に関わり，双方向性を前提にしていくために，慎重で，かつ，有効な“つながり”によるコミュニケーションに発展していくための将来展望を持った視点を持つことが公教育の役割としても重要である。そして，その方法の一つとして，有効ツールになりうるのが映像制作教育である。最近，本校でも，生徒たちの間で，表現の手法として映像を用いた表現が注目されてきており，一年研修会，学園祭，スポーツ大会など，各行事のさまざまな場面で映像表現の需要がある。私がこれまで抱いていた構想のように“教科「情報」の中で全員に”とまではいかなくても，このように自主的に「自分の思いを映像で表現したい」という意欲溢れる生徒に対して，表現・発信を前提とした映像制作を学ぶ時間を，学校現場で保証してあげることの必要性を日々感じずにはいられない。思えば，私が大学時代に実践してきた「市民メディア活動」も自主的なものだった。

そこで私は，放課後や総合的な学習の時間において，教育課程という概念にとらわれない映像制作による「学びの時間」を設け，意欲のある生徒を対象に細々ながら実践を求めて展開してきた。

ここで，私が本校において，自主制作や放送部の顧問として，これまで生徒とともに映像制作をしてきた事例と，関わった生徒たちの変化を報告していきたい。そのほとんどが，教育課程の枠外で行った活動であるが，主体的に関わった生徒たちが映像制作を通して得た「学び」は机上のそれとはひと味もふた味も違ったであろう。

（1）生徒会執行部が自主映画を制作し，学園祭で上映

本校の学園祭では，例年，生徒会執行部が開会式でパフォーマンスを行うのが慣わしとなっているのだが，39期生徒会執行部は，自分たちで映画を制作し，開会式で上映することに決めた。内容は，「開会式のパフォーマンスを何にするか」という生徒会メンバーの話し合いのシーンから始まり，映画

「スイング・ガールズ」からヒントを得て，メンバー全員でジャズ演奏に挑戦しようということになり，管楽器などまったくの素人である彼らが悪戦苦闘しながら本番に向けて練習している様子を自ら撮影したドキュメンタリー仕立ての内容である。開会式では，ステージのスクリーンでこの映画を上映した後，幕が開き，生徒会メンバーがこれまで練習してきた管楽器によるジャズの生演奏を行うといった演出だ。

準備段階では，企画した生徒が，他の生徒会メンバーに内容を説明するが，なかなか他のメンバーと意思の疎通ができず，口論になる場面もあったが，試行錯誤しながらも撮影を行った。楽器の音の出し方がわからない様子や，誰がどの楽器を担当するかなどでメンバー同士がもめているシーン。「もう絶対に間に合わない」というメンバーに対して，リーダーが「諦めるな！」と訴えかけているシーンもあった。

当日は，ジャズ演奏の出来はさておき，この演出には全校生が衝撃を受け，大いに盛り上がった。そして，以降，学園祭のオープニングは生徒会執行部が制作した映像で幕を開けることが慣例となった。この企画を発案し，ディレクターを務めた生徒は，チームで一つのものを作り上げることの難しさや醍醐味を味わうと同時に，映像制作に魅せられ，その後，京都精華大学の人文学部社会メディア学科に進学し，将来は映画監督になりたいという夢を持ち，現在，卒業制作として自主映画を制作している。

（2）地域の名物牧場をインタビュー取材

総合学習の中に試験的に映像制作の講座を設け，講座を選択した生徒を対象に映像制作教育を行ったこともあった。この講座では，同じ余市郡にある赤井川村の山中牧場を取材した。牛乳をはじめ，チーズなどの乳製品を製造している。山中牧場のソフトクリームは地元の人なら誰もが食べたことのある名物で，近隣の観光地でも販売されている。牧場に取材の許可を取り，社長に酪農という生き物を扱う仕事の大変さや，この仕事をしていて良かったことなどをインタビューした。そして，取材の最後に，店頭で売られている名物「山中牧場のソフトクリーム」を巻く体験をさせてもらった。ソフトクリームを巻く様子は，一見簡単そうに見えるが，実際に挑戦してみると，レバーを引くのと同時に機械から出てきたソフトクリームが，コーンをはみ出し，手の上に溢れ出した。取材メンバー全員が挑戦したが，最初から上手にできた者は一人もいなかった。失敗するまいと真剣な表情の高校生たちとは裏腹に，彼らの手の上に次々とソフトクリームが溢れ出すその様子は，映像で見ると，とても滑稽であり，何とも微笑ましい作品になった。

この講座を受講した生徒の一人は，稚内北星学園大学に進学し，情報メディア学を学んでいる。高校時代に映像制作体験により，メディアを構成するプロセスを学んだ経験は，大学で情報メディア学を学ぶ足がかりになっているに違いない。久しぶりに学校に遊びに来たときには，大学生活はとても楽しいと話しており，大学の映像制作の実習は自分は難なくこなせた，と喜んでいた。

高校における総合学習は「授業」の一環なので，(本校では週2時間という)限られた時間制限の中で行わなければならない。したがって，一つの作品を企画し，指導しながら，取材，撮影，ラッシュ，構成，編集，完パケまでに半年以上を要した。映像制作というのは，慣れていても相当の時間を要するものである。そのぶん「学び」を構成する要素も多分に秘めているのだが，従来型の授業というくくりの中で構成するにはあまりにもスケールが大きすぎるのかもしれない。

(3) 生徒がセルフ・ドキュメンタリーを制作

一人の生徒が，ドキュメンタリー作品制作に挑戦した。彼は，原一男監督の「ゆきゆきて神軍」などにも感銘を受けており，在学中に一度自分でもドキュメンタリー映画を制作してみたいとのことだった。ドキュメンタリーという手法は，映像制作において最も原始的な手法であり奥が深い。私が今後，映像リテラシー教育を行う際にはドキュメンタリーの手法を軸にして進めていきたいと考えている。

その生徒が制作した作品は，毎年6月に行われる学校行事の「強歩遠足」をテーマにしたものだ。この行事は，30km，50km，70kmの3コースに分かれ，全校生が希望するコースをそれぞれ，ただひたすら歩くという行事である。以前はマラソン大会を行っていたが，途中で歩いてしまう者も多く，それならいっそのこと「歩く」ことに意義を見出そうと，20年ほど前に「マラソン大会」から「強歩遠足」に変わった。とはいえ，１日に30km 以上の距離を歩くのは容易なことではない。特に70km の過酷さは，30km や50km コースの比ではない。前日の真夜中の０：00に小樽駅を出発し，次の日の17：00頃に学校にゴールするので，約17時間ひたすら歩き続けることになる。この70km コースに挑戦する一人の生徒が，歩きながらカメラを回すことになった。本校に入学するまで，なかなか自分に自信が持てず，何事も中途半端で諦めていた自分が，北海道の地で再び高校生活を送り，歩きながら自分の内面をえぐり出す「セルフ・ドキュメンタリー」である。

カメラ片手に70km を歩ききったこの生徒は，翌週から編集にとりかかり，放課後の時間をおよそ１カ月かけて完成させた。途中で足が動かなくなり，泣きながらリタイヤせざるを得なかった級友を後にしなければならない辛さ，そして足の皮が向け，爪がはがれても歩かなければならない辛さを乗り越え，仲間と支え合いながら何とか70km を歩ききった姿が描かれており，「この先，辛いことがあったら，この経験を思い出そう」と締めくくっている。かくしてでき上がったドキュメンタリー作品『いまを歩く』は，昼休みや LHR の時間に上映し，好評を得た。

島内駿（2008）は，近年，デジタルビデオ（DV）カメラの普及を背景にして，「セルフ・ドキュメンタリー」という手法が潮流として顕在化している。つまり撮影者が，自分自身や自分の家族などを撮影対象とするところに特徴を持つドキュメンタリーのことである。この方法によってドキュメンタリーは，人間のプライベートな部分へ簡単に深く入り込み，今までのドキュメンタリーでは困難であった種類の，親密な人間関係を描写することを可能にした。しかし，その一方で，「自分にカメラを向けるのは容易であり，社会に対して閉じられている」といったように，その手法を危惧，反対する意見も決して少なくない。「他者」の現実によって「私」の現実が変化することを恐れずに，「私」が「他者」と向き合う姿勢がドキュメンタリーには欠かせないのだ，と述べている。教育的視座で見ても，作品を制作するに当たって他者とのコミュニケーションを尊重する視点を持つことはとても大切なことであるが，自分にカメラを向け，作品を制作するということ自体，カメラを通して見えてくる自分と向き合うことによって，自己を客観的に見つめる機会にもつながるという意味では，意義があると考える。この作品を制作した生徒は，高校卒業後，明治学院大学の芸術学科に進学し，映画文化の研究をしている。

（4） 3年生有志が学校紹介DVDを制作

もうすぐ卒業を控えた3年生有志が「学校のために何か残したい」ということで，「学校紹介ビデオ」を制作した。在学中に放送部や生徒会活動などで映像編集のスキルを身につけた生徒である。今まで，学校紹介ビデオは，映像編集のできる教師が，行事などで撮りためた映像を片手間で編集し，学校説明会などで上映していた。映像を単につないで，字幕とBGMをつけただけといった単調な映像だが，それでも本校のことを知らない人を対象に学校の様子を知ってもらうためには有効なツールであった。

しかし，このほど生徒たちが制作した映像は，学校の行事や授業の様子を生徒のナレーションで紹介し，生徒たちの目線で紹介するだけではなく，在校生や在校生の父母にもインタビューをしており，最後には生徒会長から「悩んでいる人は，勇気を持って一歩踏み出すことから始めてください」というメッセージで締めくくられている。その完成度は，従来の教師が片手間で制作したものとは歴然の差があり，新鮮で，かつ大変説得力のあるものだった。音楽の著作権にも配慮し，BGMには本校を卒業後，音楽活動をしている卒業生のオリジナル楽曲を，本人の許諾を得て使用している。在学中に放送部や生徒会活動の中で映像リテラシーを学んだ総合的な力の賜物であると感じた。

この映像は，入試委員会で3000本をDVDとしてパッケージ化し，中学校訪問や学校説明会で配布し，生徒募集にも活用している。編集を担当した生徒は「編集には時間がかかったけど，映像を見たある親から“生徒の目線で学校での生徒たちの生き生きとした様子が伝わってきた”といわれてとても嬉しかった」とコメントしている。人は評価された点が伸びる。我々の教育は，まず生徒一人ひとりを認めることから始まる。映像制作は作品が努力の成果物として非常にわかりやすいという性質もあるので，評価され，認められることにより関わった生徒の自己効力感が増すという効果も期待できるであろう。

写真15-1：生徒たちが制作した学校紹介 DVD。

（5）放送部が社会派ドキュメンタリー制作に挑戦

今年度から放送部の顧問を持たせてもらうことになった。以前から映像制作教育を学校現場で行うには放送部で実践することが一番現実的だと考えていた。

「来る高文連の放送大会で，今年は映像作品を作ってみないか？」という問いかけに，数人の放送部員が賛同した。そして，祖国ドイツの兵役を拒否し，隣町の倶知安町にある幼稚園で奉仕活動をしているジャン・バウアーさんというドイツ人青年がいることを新聞記事で知り，彼にインタビューをしてドキュメンタリー番組を制作しようということになった。この制作は「反戦」や「平和」といったテーマが内包されている本格的な社会派ドキュメンタリー制作に挑戦することを意味している。これまでビデオカメラも動画編集ソフトも触ったことのない彼らが，果たしてどこまでできるのか，とても興味深かった。もちろん，すべてが初めてのことなので，役割分担や，映像作品制作の基本手順である，企画，取材，撮影，ラッシュ，構成，編集，完パケまでの流れを事前に指導し，インタビューのリハーサルも事前に何度も行った。無事，幼稚園側から取材，撮影の許可が取れ，現場に向かったものの，現場に到着した途端，幼稚園児たちが，もの珍しさに部員たちにまとわりついてきた。部員たちは，そのような中でジャンさんが園児たちと戯れているシーンを撮影するのがやっとだった。しかし，取材を続けるうちに少しずつ彼らの中にジャーナリズムの精神が萌芽し始めた。

写真15-2：放送部員によるインタビュー撮影。

ジャンさんへのインタビューをしていく中で，ドイツでは，18歳の男子には兵役が課せられるが，奉仕活動をすることによって兵役を拒否する「良心的兵役制度」があるということを知った。ドイツの福祉制度は兵役拒否者の奉仕活動によって支えられているということも知った。ジャンさんのおじいさんはユダヤ人で，対戦中にドイツ人から迫害を受け，助かったが，今でもドイツ人である彼を毛嫌いし，連絡をとってくれないという。ドイツのユダヤ人迫害については，授業で学習したことはあっても，どこか遠い国のはるか昔の出来事で，まるで想像もつかなかったが，そのはるか昔の出来事のせいで，今も，こうして自分たちと同じ年頃の若者が辛い思いをしているということを間近で感じた。はじめのうちは，園児たちに囲まれて，どうしていいかわからず，動揺していた部員たちの目が，次第に目的意識を持った真剣な表情に変わってきていた。

翌日から部員たちは，放課後になると自主的に集まり，毎晩，学校が施錠されるギリギリの時間まで残って編集作業をした。歌の得意な部員の一人は，自分でドイツの民謡を調べ，自らが歌った歌を収録し，それをBGMとして使用した。「テレビ局の人たちって大変なんだね」といいながら，何度も編集を重ね，ようやくうまくつながったときには「おお～！」という歓声と拍手が起きた。こうしてでき上がった『18歳の選択～兵役か奉仕か～』は高等学校放送発表会の後志地区大会を3位で通過し，NHK杯全国高等学校放送コンテストの北海道大会に進出することになった。

私自身も NHK 杯高等学校放送コンテストの北海道大会に行くのは初めてのことだったので，まず，当日会場に入って驚いた。各高校のカメラがずらりと並び，まるで記者会見場である。前年の全国優勝は北海道の高校で，北海道の高校生が作る映像作品はレベルが高いとは聞いていたが，道内各地から集まった作品群を見てまさに感服した。高校生らしさを「元気の良さ」や「爽やかさ」といった程度で片付けてしまっていない。むしろ，そのような甘えは一切なく，高校生らしい「発想」，「視点」，「行動力」が存分に発揮されており，高校生にしか作れないような作品が多かった。「教室の机がガタガタ揺れる」，「黒板が反射して見にくい」といった問題を解決するべく，あの手この手で検証したうえ，教育委員会や文科省にまで取材を申込んでいる作品など，日常のちょっとした問題をテンポよくユーモアたっぷりに仕上げている。また，地元の米軍基地の跡地をめぐり，戦争体験者にインタビューし，アメリカの国防省にも手紙を送り，回答をもらうところまでこぎつけている作品もあった。一日じゅう良質なドキュメンタリー映画を鑑賞した気持ちになった。「こういう作り方もあるのか」と，私自身も勉強になった。全国の高校放送部から毎年このような素晴らしい作品が生まれているということも，今まで知りもしなかった。

本校の『18歳の選択』は，審査委員からは「もう少し時間をかけて取材していれば輝くような作品になった。テーマが良いだけに非常におしい作品だった」というコメントをもらった。全国大会出場にはあと一歩というところで届かなかったものの，自分たちの作り方に何が足りなかったのかがわかったので，放送部の生徒たちにとっては収穫があったようだ。冒頭でもその一コマを紹介したが，帰りの車内でも彼らは「来年，あんな作品に挑戦してみたい」，「うちの学校も，もっといい機材が欲しい」などと，いつまでも映像制作の話に花を咲かせていた。

大会の数日後，生徒たちに，制作する前と後で自分の中で変わったと思うことや制作を通して学んだことを自由に書いてもらった。すると，意外な記述が集まった。

レポーターを務めた生徒は「インタビューは，あらかじめ原稿が決まっていて，それをただ読めばいいと思っていたけど，実際には，うまく話を引き出しながら対話をするのは難しかった。この経験で，いろんな人に挨拶をしたり，話せるようになったと思う」と記述していた。また，今回の全道大会では，他校の作品を見て，生徒たちは感服しているだけかと思っていたが，「全道レベルの作品は確かにうまいけど，早口なナレーションが気になった」など，批判的な視点で見ている生徒もいた。

毎晩遅くまで編集作業をしていた時期に「テレビ局では絶対働きたくな〜い」などといっていた生徒も「すごく楽しかった。またやりたい」と記述していた。

記述の中で最も多かったのは「テレビの字幕に目が行くようになった」，「BGMの使い方を意識するようになった」，「“この番組を作るのに何時間取材したのかな”などと考えるようになった」，「“雑観”を意識するようになった」，「番組一つでここまでいろいろな人の手で作られていることに初めて気づいた」など，「テレビの見方が変わった」という意見であった。今まではほとんど意識することなくメディアと付き合っていた彼らにとって，映像制作の経験は，メディアを意識化し，経験として理解するための分析活動になったのだ。

水越（2004）はメディア・リテラシーについて「人間がメディアに媒介された情報を，送り手によって構成されたものとして批判的に受容し，解釈すると同時に，自らの思想や意見，感じていることなどをメディアによって構成的に表現し，コミュニケーションの回路を生み出していくという複合的な能力である」と定義している。今回の生徒たちの書いた記述を勘案すると，彼らはこの度の映像制作の経験によってメディア・リテラシーの能力が向上したということがいえる。

松野（2003）は，映像制作によって視聴者は，これまでの視聴者の視点だけでなく，テレビ制作者の視点をも獲得し，視聴視野が大きく拡大することによって「テレビの見方」が変わるプロセスを「映像制作による『視聴者の視点』獲得モデル」と名付けている。高校における部活動は教育課程には含まれていないが，放送部という部活動の中で，メディアを構成するプロセスを体験し，『メディア・リテラシー』能力や『視聴者の視点』を獲得した成果は極めて大きいといえる。

林（2004）は，長野県松本美須々ヶ丘高校放送部の顧問をしていた。松本美須々ヶ丘高校放送部はかつて「松本サリン事件」をめぐるマスコミ報道について，高校生が逆取材し，ドキュメンタリー「テレビは何を伝えたか」を制作した。この作品はNHK杯高等学校放送コンテストの全国大会でも入賞し，第20回東京ビデオフェスティバルでは大賞を受賞した。林は著書で，「試行錯誤をベースにした場」にこそ「学び」が起こり，その学びを構成している人に染みていく「共通言語」が生まれていく。と述べている。そして，どんなに苦しい調査活動でも，どんなに厳しい学習環境でも，自分が見つけた疑問に対して，生徒たちはついてくる。それは自分の気づいた「なぜ」を追求できるからであり，世の中が「わかりきれることばかり」ではなく「矛盾をはらんでいること」を体感できるからだ。特に社会科学の分野において，教科書で示される象徴化された答えや結論ではなく，自分が調べた「一次情報から導き出す結論の面白さや醍醐味」を彼らは感じていたのだと思う。と述べている。

今，私の目の前にいる放送部員たちは，「机上で教わった学び」ではなく，まさに自分たちの足で「試行錯誤の末に得た学び」により，意識が変革しているのだ。そういう能力開発の要素が映像制作には確かにある。そのメカニズムはいったい何なのかを学術的に体系づけ，解明していくことも，今後の課題である。

メディアを使った表現は，国外では1980年代からメディア・リテラシー教育の一環で行われてきている。特に英国，カナダ，米国，韓国，台湾などでは，映像制作教育が義務教育の中に取り入れられている。日本においては，玉川学園（町田市）が，カナダ・オンタリオ州の取り組みをモデルにし，映像制作を通してメディア・リテラシーについて学んできた。岩手県宮古市立高浜小学校では，５年生の児童たちが，「ふるさと自慢」についてのCMを制作している。また，沖縄県嘉手納町では，制作から編集まですべて小・中学生たちで行い，土曜，日曜の２日間で学校紹介や街の人へのインタビューレポートなど10本の映像作品を作成したという例がある。

このように映像制作による表現活動の事例は全国的に見ても数多くあり，もはや珍しいことではない。しかし，教育課程の制約が何かと多いカリキュラムの中で児童生徒，とりわけ高校生が映像作品を制作することによって，どのような能力が開発され，その成果物が地域にどのような影響をもたらすのかはまだ明らかになっていない。

4　デジタルメディアを活用して生徒たちがまちを元気に

総務省が立案し2001年から施行された「e-japan 戦略」は，インフラ整備への財政支援に重点が置かれ，日本は世界でも有数の高速回線の普及に成功した。しかし一方で，全国各地に作られたマルチメディア関連施設や付帯設備は放置されているか，常連のみが利用するだけで，新しい地域コミュニティの創造までには発展しなかった。このため，総務省では，インフラの有効な「利活用」を盛り込んだ政策「u-japan 推進計画」へと転換を図っている（総務省，2006）。

しかし，インフラの利活用案として採られた官主導の地域SNSも，時間を経るごとに参加者が減少し，常連のみの利用に収束し，結果的に地域情報化や地域活性化に成功した事例は極めて少ない（地方自治情報センター，2008）。これは，デジタル時代にふさわしい各種メディアを使った表現ができる人材を育成しなかったこと，また，新しく登場してきた各種メディアを組み合わせてコミュニケーションをデザインするという発想がなかったことに原因があると思われる（岸，2008）。

今日では，SNSやBlog，Twitterなど，CGM（Consumer Generated Media）によるコミュニケーションが広がっている。また特に，YouTubeなどの動画投稿サイトへのアクセスが急激に上昇しているように，動画（映像）の分野におけるCGMの影響力は，マスメディアの地位を揺るがす勢いで認知されつつある。

「クラウド・コンピューティング」を活用した企業のIT戦略が注目され始めているが，低価格で信頼性の高いサービスが受けられるシステムこそ，地域や教育現場でも，もっと活用するべきである。私は，学校側が，こうした新しく登場してきたさまざまなデジタルメディアを活用して，地域との間で生き生きとしたコミュニケーションを創造していくことはできないものかと考えている。これまで，マスメディアにしかできなかったコンテンツ制作や発信を，現在では各種デジタルメディアを使えば，どんな地域においても可能である。そして，毎年全国の高校放送部が制作する映像を始めとしたメディア表現などのコンテンツのパッケージ化，さらには，Web上での配信活動は，学校教育の現場でこそ実現しやすい。つまり，学校教育におけるメディア表現活動と，実際の地域を連動させることによって，学校と地域，そして，地域の内と外にコミュニケーションを発生させることができ，より実践的で生活に根ざした「生きた教育」が可能になる。

こうした学校教育と地域との双方向コミュニケーションを，デジタルメディアを活用してどうデザインするかが，今後，地域情報化，地域活性化に大きな効果をもたらす可能性があると考える。従来のようにインフラ整備のみに重点が置かれる政策だと，情報機器は急速に旧式化していくため，地方が持続可能な情報化政策を採り続けるのは困難になる。今後は，クラウドを十分に活用し「コミュニケーションをデザインできる人材の育成」にこそ力を注ぐべきであると考える。

先述したように，NHK杯高校放送コンテストでは，高校生たちの作る作品のレベルの高さに圧巻せざるを得なかった。プロ顔負けの，思わず息を呑むような完成度の高い作品も多かった。しかし，それはコンテストに入賞し，全国大会に出場すること，すなわち「勝ち抜くこと」を最大の目標としているため，作品の多くは，コンテストに出品したあとは，たいていお蔵入りになってしまう。さらに，NHK杯で入賞した作品は，著作権を主催者と共有するという規定もある。これでは，せっかくの良質なコンテンツが，主催者の覇権の下に眠ってしまう。非常にもったいない話だ。これからは，地域の情報を世に向けて発信すること，すなわち「地域のために制作すること」を前提に作品を制作するという意識も合わせ持つことが必要である。それは制作者一人ひとりが「表現者としての自覚と責任」を持つという意識付けにつながる。そして何より，「地元の高校生が制作した映像」というのは，地域住民にとっては親しみが持てるし，無条件で観る人々を元気づける。

インターネットによるストリーミング配信も，かつては専用サーバーを要し，技術的にも一般人には敷居が高かったが，今の時代は「クラウド」を活用すれば，低予算で，どの地域でも実現可能である。地域の学校放送部が軸となって，その地域の情報発信ステーションになることができるのだ。その意味で，これまで各校で連綿と続けられてきた放送部における表現教育は，地域情報活性化へつながる先端をいく可能性を秘めているといえるであろう。

私は，高校生たちの若いエネルギーや発想が，地域を元気にするための財産となりうると信じている。今後は，地域を舞台に生徒たちが制作した作品を発信し，地元行政や観光協会などを対象とした上映会も行いたい。

＊　　　＊　　　＊

この原稿の初稿を書いてからひと月ほど過ぎた頃，先述した放送部制作のドキュメンタリー番組『18歳の選択』が，江戸川大学主催の「第19回全国高校放送コンクール」において佳作（3位）に入賞したという知らせを受けた。つい数カ月前まで，カメラも映像編集ソフトも触ったことのなかった生徒たちが，全国規模のコンクールで100作品近い応募の中から本選会に残り，入賞を果たすことができるなど，予想できたであろうか。

映像制作に求められる能力は，総合的であり，デジタルメディア時代を生きるうえでは有効な力であるが，それ以上に，今回の制作に関わった生徒たちにとって，皆で力を合わせ，苦労を乗り越え，一つのものを作り上げた経験は，大きな自信になったに違いない。

情報技術の方法論は時代の流れとともに移り変わっていくので，その時代に合わせてマイナーチェンジが必要になったとしても，一般市民がメディアを使って表現・発信することの価値は，時代がどんなに進化しても普遍的である。この理念は，私が市民メディア活動を始めた当初から変わっていない。したがって，これからも，学校現場におけるメディア教育の中で「コンテンツを制作できる人材の育成」，そして「発信できる人材の育成」に焦点を当てた地域コミュニティ作りの新たなモデルを構築するべく，学校現場における実践を続けていきたい。

参考文献

伊藤公雄『メディア・情報・消費社会』世界思想社，2009年。

カナダ・オンタリオ州教育省編『メディア・リテラシー　マスメディアを読み解く』リベルタ出版，2006年。

岸勇希『コミュニケーションをデザインするための本（電通選書）』電通，2008年。

國領二郎・飯盛義徳『「元気村」はこう創る―実践・地域情報化戦略』日本経済新聞出版社，2007年。

財団法人地方自治情報センター『官民協働による地域ポータルサイトの運営に関する調査研究報告書』2008年。

菅谷明子『メディア・リテラシー世界の現場から』岩波書店（岩波新書），2006年。

津田正夫・魚住真司『メディアルネサンス』風媒社，2008年。

本田敏明『情報教育の新パラダイム　理論と実践の目指すもの』丸善，2003年。

松野良一・妹尾克利・川井信良・高谷邦彦・吉村卓也『市民メディア活動～現場からの報告』中央大学出版部，2005年。

松野良一『市民メディア論』ナカニシヤ出版，2005年。

水越敏行・久保田賢一『ITC 教育のデザイン』日本文教出版，2008年。

早稲田大学国際情報通信センター『嘉手納町デジタル映像制作・WEB 配信プロジェクト報告書』2002年。

おわりに

デジタル時代において，画期的な変化は，これまでプロだけしかできなかった「発信」行為を，アマチュアでもできるようになったということである。

私が研究している「映像」分野においても，子どもや学生が映像という表現手段を使うことによって，地域社会に大きなインパクトを与えることができる。さらに，メディアを使った表現活動が，さまざまな能力開発につながっていくこともわかってきた。

人間の内発的動機付け，表現意欲を引き出すために，映像制作は有効であること。さらには，取材や構成というプロセスが，対人コミュニケーション能力などの社会性を育て，自分の生き方の発見につながっていくことも，この本の中で紹介した。

さらに，デジタル時代においては，逆に「フェース・トゥー・フェース」のコミュニケーションが重要であることも，一連の論考で明らかになった。

日本におけるパブリックアクセスについても，アメリカのように多民族の中で意見を主張しあうというよりは，昔ながらの井戸端会議や寄り合いのような，「フェイス・トゥー・フェイス」のコミュニケーションをベースとしたものとして成り立たせていくのがよいのではないだろうか。番組制作の拠点を作り，そこを制作スタッフはもちろん，直接制作に関わらない市民も集える場とする。極端な話，茶飲み話に来るだけでもいいから，人と人が直接コミュニケーションをとれる場所を提供する。そうした中で出てきた話題をヒントに取材をし，番組を制作・放送する。そんな風に，市民の生活に密着したチャンネルになるのが地域活性化には，効果的だと思う。またそうしてでき上がる番組こそが，地元の市民にしか作れない独自のものとなるだろう。

デジタル技術の進展は，人間行動を確実に変えている。アマチュアでも動画をYouTubeに投稿すればブロードキャストできるようになった。さらに，Ustreamを使えば，個人が中継を行うことができるようになった。これまで，マスコミ業界でトレーニングを受けたプロだけが発信者になっていた時代から，まったくの素人でも発信ができるようになった。だから，そうした空間においては，個人は自由で独立し，ある意味，アナーキーな世界が広がることになる。人がそこで傷つくこともある。人権を侵害されることもある。詐欺に遭うこともある。ナショナリズムが盛り上がり暴動が起きるかもしれない。しかし，一方で，それらを防ぐようなメカニズムが自動的に働くのかもしれない。このため，メディア・リテラシーは，デジタル時代を生きる我々にとって，ますます重要なものになってくる。

人間はまた，逆にデジタル技術を使って，民主的で平和に共生できる空間，コミュニティ，地域を構築することができる。そして，よりクリエイティブな表現活動を行うことができる。デジタル技術の進展は，それを可能にし始めている。

本書では，そうした事例を少しだけ紹介したが，デジタル技術やデジタルメディアを使った表現活動と教育，研修，町づくりなどの分野は，これからも研究分野として拡大していくだろう。

本書が，デジタルメディアによって生み出された混沌とした世界を生き抜いていくうえでの参考，あるいはこの方面の研究者の議論の一助になれば幸いである。

2011年3月

執筆者を代表して　松野良一

執筆者紹介（掲載順；2011年３月現在）

松 野 良 一（まつの りょういち）……中央大学総合政策学部教授（メディア論・ジャーナリズム論）

岸　勇 希（きし ゆうき）…株式会社電通；コミュニケーション・デザイン・センター コミュニケーション・デザイナー／クリエーティブ・ディレクター

高 谷 邦 彦（たかや くにひこ）……名古屋短期大学現代教養学科准教授・前稚内北星学園大学情報メディア学部准教授（情報社会論）

深 澤　亨（ふかさわ とおる）……ジャパンケーブルネット株式会社；マーケティング企画部

平 山 元 英（ひらやま もとひで）……NPO 法人「地域魅力」副理事長，元藤沢市市民電子会議室運営委員長

大 橋 正 和（おおはし まさかず）……中央大学総合政策学部教授（情報科学）

堀　眞由美（ほり まゆみ）……白鷗大学経営学部教授（女性労働論）

平 野　晋（ひらの すすむ）……中央大学総合政策学部教授・米国 NY 州弁護士（民事法）

安 野 智 子（やすの さとこ）……中央大学文学部准教授（社会情報学）

佐 藤　建（さとう けん）……中央大学大学院総合政策研究科博士後期課程

廣田衣里子（ひろた えりこ）……中央大学大学院総合政策研究科博士後期課程

渡 邉 恭 子（わたなべ きょうこ）……中央大学総合政策学部３年生

妹 尾 克 利（せお かつとし）……北星学園余市高等学校教諭

デジタル時代の人間行動

2011年3月31日　初版第1刷発行

監修者　松野良一

発行者　玉造竹彦

発行所　中央大学出版部

東京都八王子市東中野742-1　〒192-0393
電話 042-674-2351　FAX 042-674-2354
http : //www2.chuo-u.ac.jp/up/

装　幀　松田行正

印刷・製本　藤原印刷株式会社

ISBN978-4-8057-6179-3 C0036